ポイント解説 子ども・子育て支援新制度
―― 活用・改善ハンドブック

保育研究所 編

石原剛志
伊藤周平
大宮勇雄
木村雅英
小泉広子
逆井直紀
塩見洋介
実方伸子
杉山隆一
田村和之
藤井伸生

監修　田村和之
　　　村山祐一

ちいさいなかま社　発行
ひとなる書房　発売

刊行にあたって

　2015年4月から子ども・子育て支援新制度（以下　新制度）がスタートしました。
　給付制度と直接契約を基本にする新制度は、これまでの保育のあり方を大きく変える、保育制度の大転換というべきものです。
　しかし、この間の関係者の運動によって、児童福祉法24条1項－市町村の保育実施責任を復活させる、認定こども園への移行は強制しない、施設整備費を新たな交付金として復活させる、8時間保育の原則を確認させる、など多くの成果をえることができました。
　一方で、新制度の実施にともない、各地で新たな問題や課題が生じていることもわかってきました。
　新制度実施までの議論の経過をみても、実施後の状況をみても、新制度が完成された制度でないことは明らかです。新制度がスタートしたから終わりというのではなく、問題や矛盾を抱えた新制度についてそれぞれの現場で検証し、具体的な改善を求めていくこと、そうした実践や活動を制度全体の改善につなげていくこと－そこに私たちの課題があります。
　そのためにも、学習を通して複雑でわかりにくい新制度の内容を正確に理解し、課題を明らかにしていくことが必要です。
　保育研究所ではこの間、研究者、保育所経営者、保育者、保護者をはじめとする保育関係者と新制度についての論議を深め、各市町村の状況や対応についての検討をふまえて、問題点や改善課題を提起してきました。本書は、そうした議論をふまえ、すべての子どもの権利が保障される、差別なく、子どもたちの豊かな成長・発達が保障されるためには、国と自治体の明確な公

的責任のもと、子どもの権利保障の視点で保育水準や十分な財源が確保されるしくみが必要である、という立場で企画・執筆されたものです。

　第1章では新制度の概要を、第2章では、新制度のしくみや具体的な内容をふまえた改善の方向を、第3章では新制度の活用と改善の課題を、それぞれ明らかにしています。各項ごとに、そこでおさえるべき視点を「ポイント」として示し、関連条文など必要な資料、図表をつけました。また、新制度の理解を深めるためにおさえておくべき視点については「ここに注目」として別記しています。

　子どもたちの権利が保障され、保護者が安心して預けることができ、保育者もいきいきと働くことができる保育を実現するためには、各地・各園で保育の実態や保育制度について多くの保育関係者と共同の学びを拡げながら、国や自治体に向けた運動をさらにすすめていかなければなりません。

　そうしたとりくみが拡がっていくために、本書が少しでも貢献できれば幸いです。

　　2015年8月

　　　　　　　　　　　　　　　　　　　　　　　　　　保育研究所

もくじ

刊行にあたって　2

第1章　新制度とは何か——導入までの経過と概要　7

逆井直紀

1　新制度実施の経過　当初提案と大きく変わったこと　8
2　新制度の特徴　完成された制度ではない　11
3　新制度の核心　給付制度の意味、保育に持ち込まれる格差を考える　20

第2章　新制度を理解する——問題点と改善課題　25

（1）市町村の保育実施義務と保育の利用

伊藤周平／逆井直紀

1　児童福祉法24条1項と市町村の保育実施義務　26
　　■実態を正確に反映しない待機児童の定義　30
2　保育の利用のしくみ——支給認定と利用手続き　33
　　■保育を受けられる子どもの範囲は拡がったの？　37
　　■保育必要量（短時間と標準時間）区分における混乱の具体例　38
3　市町村の利用調整と直接契約　40
　　■利用申込み・決定と市町村　43

（2）多様な施設・事業に異なる基準

小泉広子／逆井直紀／藤井伸生

1　施設型給付と地域型保育給付　46
2　小規模保育など地域型保育給付事業　50
3　認定こども園とは　54
　　■認定こども園を増やせばいいの？　58
4　幼稚園と新制度　61

（3）保育の量と質の拡充

逆井直紀／実方伸子／杉山隆一

1　保育ニーズのとらえ方と事業計画の見直し　64
2　保育の質と保育士の処遇改善　71
3　保育者の資格と養成　75

（4）新制度における保育と教育

大宮勇雄

1　新制度の「教育」「保育」をめぐって　78
2　「幼保連携型認定こども園教育・保育要領」をどう読むか　83
3　保育の中の教育とは——わたしたちがめざす保育をどう語るか　86

（5）新制度の財政

杉山隆一

1　新制度の財政のしくみ——財源とお金の流れ　88
2　保育の費用（公定価格）とは　93
3　保育料のしくみと考え方　99

（6）市町村事業と学童保育

石原剛志／逆井直紀／実方伸子

1　地域子ども・子育て支援事業の概要　105
　■実費徴収と補足給付事業　107
2　新制度と学童保育（放課後児童健全育成事業）　109
3　学童保育の予算・財政　114
4　学童保育と放課後子供教室　116

〈コラム〉　田村和之
法的におかしい新制度　119
育休中の上の子は退園——所沢の問題　120

第3章　保育制度改善・拡充のために——新制度活用・改善の視点　121

木村雅英／塩見洋介／実方伸子

子どもの権利としての保育　122
新制度活用・改善の視点
　・新制度と障害児保育　125
　・新制度と公立保育所　129
　・新制度と過疎地域等の保育　133
新制度をよりよいものに　自治体への要求のポイント　137
新制度をよりよいものに　国への要求のポイント　138

第1章
新制度とは何か
──導入までの経過と概要

1 新制度実施の経過
当初提案と大きく変わったこと

> **ポイント**
>
> ▶新制度が当初めざしたのは、これまでの保育所制度の解体にあった
>   ○市町村責任の保育から直接契約化、施設補助から給付（利用者補助）へ
>   ○保育所を総合こども園へ強制移行
> ▶しかし、法案の大修正で、保育所は基本的には現行制度を維持、認定こども園への移行も強制ではなくなった

スタートした新制度の柱

2015年4月、子ども・子育て支援新制度（以下　新制度）がスタートしました。この新制度は、2012年8月に消費税増税法とともに成立した、子ども・子育て支援関連3法（子ども・子育て支援法、改正認定こども園法、児童福祉法の改正を含む関連法律の整備法）を受けたものです。

この新制度の内容や実施後の状況を、知れば知るほど、積極的な評価ができなくなってきているというのが、現在の保育関係者の正直な感想でしょう。

2010年前後に新制度導入に向けた議論が提起されてから実施までの状況をみると、早期の段階から改革の問題点を指摘する意見が多くみられました。その一方で、少なくない保育関係者が、それぞれが抱えている問題を解決してくれるのではないかとの漠然とした期待を込めて、新制度の議論や準備の過程をみていました。このとき、新制度に期待する人々であっても、そのしくみに対して十分な理解があったとはいいがたく、単に消費税増税によって保育分野に投入される財源が増えるという政府の説明に期待を寄せていたといえます。

よって、当初消費税10%増税実施年である2015年4月に財源増の目処を立ててスタートするとしていた新制度を、増税を先送りしても実施日は変えないと政府が表明したときには、多くの批判や不安の声が集まりました。

そうした批判に対しては、別途財源を用意するとの説明がされ、ある意味強引に新制度はスタートしたのです。

では、新制度は何を変えようとした「改革」だったのでしょうか？　細かい点をのぞくと、その柱は、①従前の保育所制度の解体であり、②原則的にすべて保育所を「総合こども園」に移行させるという、2つの提案にあったといえます。

第1の柱は、従前の保育所制度の基本といえた、市町村責任による保育の提供方式を改め、高齢者福祉分野における介護保険の利用方式と同じように、保育分野を市場化することにありました。具体的な「改革」の焦点は、市町村の保育実施責任を規定した児童福祉法24条1項の存否です。新制度のねらいは、これを廃し、保育の利用を当事者同士（事業者と利用者）の直接契約に委ねることにありました。これによって市町村は、保育供給における直接の責任を負うことはなくなります。新制度における市町村の仕事は、保育の必要性の認定や、直接契約による保育の提供がなされた場合に給付という公費を利用者補助として支出（事業者が代理受領）することになります。また、規制緩和をテコに多様な主体の参入によって保育供給の増大を図ることも、新制度の重要な要素といえました。

第2の柱は、保育施設を総合こども園に一体化することにありました。保育所の総合こども園への移行は強制です。幼稚園については、現行制度との選択制になりましたが、可能な限り新制度に移行することが呼びかけられました（移行の仕方は、幼稚園のまま移行するか総合こども園に施設の種類を切り替え移行する、という2方式が提起されました）。

国会審議過程での大幅な修正

この提起には、批判や異論が噴出しました。特に、直接契約の導入については、困難を抱えた子どもが契約を忌避され、安定的な経済状態の家族が優先されることになるとの批判が集中しました。

その結果、2012年の新制度関連法の成立時に、自民・公明・民主3党による修正協議がなされ、以下のような変更が加えられたのです。

第1に、保育所については市町村責任の維持が確認され、廃止されるはずだった児童福祉法24条1項が復活しました。一方で、保育所以外の利用については直接契約のしくみが提案どおり導入されたことで、新制度は非常に複雑なしくみになりました。

第2に、当初国会に上程された総合こども園法は廃案となり、急遽、認定こども園法の改正が行われました。しかも保育所・幼稚園から、認定こども園への移行は強制しないことも確認されたのです。
　このように新制度はその「改革」の柱を大きく修正した形で実施されました。加えて国による政省令などの提示が遅れたことで、自治体の準備作業は混乱しました。自治体や園関係者、保護者も十分に理解できないまま新制度がスタートしたといっても過言ではないでしょう。
　実施の経緯からして複雑な新制度ですが、今後は、関係者がその仕組みや問題点を理解し、少しでもよい制度にするために、子どもの権利保障の観点から、当事者が要望・意見をもって国・自治体に働きかけることが課題といえます。

(逆井直紀)

2 新制度の特徴
完成された制度ではない

> 📖 ポイント
>
> ▶新制度は、完成された制度ではない
> ▶当初のねらいどおりにさせていないことをふまえ制度の改善を

戦後はじめての保育制度改革

　子ども・子育て支援新制度（以下　新制度）は、保育所と幼稚園の制度を戦後はじめて大きく変える改革です。

　今日の保育所・幼稚園制度は、戦後、日本国憲法のもとで発足しました。

　保育所は、児童福祉施設として、両親が働いているなどの理由で保育を必要としている子どもを市町村の責任で保育することを規定した児童福祉法24条を基本に制度がつくられました。行政の保育実施責任を明確にすることで、子どもの保育を受ける権利を確実に保障することがめざされました。

　一方、幼稚園は、学校教育法に規定され、3歳以上の小学校就学前の幼児に保育を提供する学校とされました。幼児期は、養護と教育を一体的に行うことが重要であるとして、幼稚園でも保育をすると明記されたのです。ただし、幼稚園の保育は、保護者が希望した場合に行われるものとして、義務教育でなく任意のものという位置づけで制度がつくられました。

　両者は、1980年頃まで乳幼児人口の増加を受けて、施設・園児数が急増しましたが、その後は、人口減少にともなって、施設・園児数とも減少していきました。しかし、保育所は1990年代後半から、雇用の不安定化や共働き世帯の増加等、社会状況の変化を受けて入所児童数が急増し、都市部では保育所不足・待機児童問題が深刻化するようになりました。

　この頃から、政府は保育政策の転換をはかり、児童福祉施策としての位置づけを後退させ、女性労働力活用のための就労支援策に傾斜するようになりました。こうした政策転換は保育需要の増大に適合していたのですが、保育所不足（とくに低年齢児保育）が顕在化しても、政府は種々の規制緩和策によって急

場をしのごうとしただけでした。結果的には、そのことで抜本的な保育所増設策の実施が遅れ、待機児童問題をより深刻化させてしまったといえます。

一方で、幼稚園の定員割れが目立つなか、政府内に地方自治体の財政負担軽減などを理由にした幼稚園と保育所の「一体化」を求める声が出て、2006年に認定こども園制度が発足することになりました。しかし、この認定こども園は、子どものための保育の充実より財政効率を優先した政策提起だったため、条件を改善することなく既存の幼稚園・保育所に幼保両方の機能を果たさせるようなしくみになってしまい、現場の負担も重く、結果的に普及はすすみませんでした。

「改革」の特徴

そうした経過を経て提起されたのが、新制度です。本来、保育所や幼稚園制度を改革しようとするなら、子どもの実態を踏まえた検討は不可欠であったといえます。先進国のなかでも際立つ保育・幼児教育に対する公費支出の少なさをどう克服するのか（図表1）、また6人に1人が貧困状態にあるという子どもの状況や幼児期の保育の重要性などを考慮すれば、公的責任強化の方向で新しい制度を構築するような検討がなされるべきだったのですが、実際はそうなりませんでした。

では、新制度としてどのような「改革」が実施されたのでしょうか？

新制度をとらえて、政府がさまざまな説明をしています。それ以外にも政府に近い研究者やマスコミも多様な評価をしています。その中から代表的なものと政策動向を踏まえた客観的な評価を採り上げ、解説を加えながら新制度の特徴・問題点を整理したいと思います。

1）待機児童解消のための「改革」か
——女性労働力活用のための保育の量拡大に偏重した「改革」

マスコミ等は、新制度は待機児童解消のための「改革」だと評価しています。確かにその側面はありますが、問題はその動機と方法論にあります。もともと新制度は、少子化の中でも働き手を確保するために、女性労働力の活用を促進するような保育制度を低コストで実現することに力点が置かれていました。具体的には、保育所の基準より緩やかな基準を適用する地域型保育給付の諸事業を創設したことからもわかるように、保育の質の問題に目をつぶって量拡大が

（図表１）就学前教育段階における公財政教育支出の対 GDP 比（国際比較）

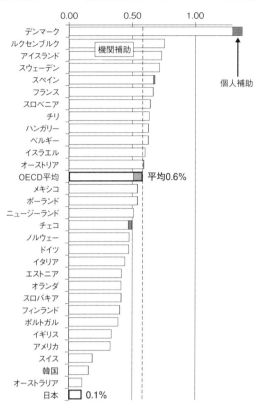

資料：文科省「我が国の教育行財政について」（2014 年 10 月 15 日）
〔出典：OECD「図表でみる教育」（2014 年版）〕

めざされたといえます。

しかも、量拡大に全力をあげているかというと、これも疑問が残ります。政府が 2013 年度から実施している待機児童解消加速化プランは、2017 年度に待機児童をゼロにすることを目標にしています。このプランに基づくなら、新制度で各市町村が策定した事業計画では、量の見込み（需要量）と、確保方策（供給量）は均衡するはずです。ところが、内閣府等が子ども・子育て会議に示した、市町村の事業計画の集約状況（2014 年 11 月 28 日）によれば、待機児童の過半を占める 3 歳未満児保育の 2017 年度における供給量は、約 5 万人も不足しているのです。

本来、量拡大と質改善は不可分の関係にあります。今日、保育士不足が深刻

化していますが、その解決には処遇改善が欠かせません。その改善を怠れば、結果的に保育所を増やそうにも保育士が集まらず、量は増えません。

真に待機児童の解消をはかるには、量拡大・質改善の同時追求が欠かせない課題といえ、新制度は、根本からそのあり方を見直す必要があるといえます。

２）消費税増税による投下財源増を前提にした「改革」

新制度は、消費税増税分の一部を振り分けることで、保育の改善がはかれるとされ、その追加投入額は0.7兆円とされていました。消費税10％増税が先送りされた中で、スタートした今の段階では、0.51兆円（国負担分が0.23兆円、地方負担分0.28兆円）を手当てしたと政府は説明しています。

まず、この追加財源は主に保育の量拡大に使われ、質改善にまわるのは限定的といわれています。実際、幼稚園にしても保育所にしても、基本的には現在の補助水準が維持された程度というのが実感ではないでしょうか。質改善で目立っているのは、3歳児の配置基準（20対1から15対1）の改善程度です。利用者負担も、基本的には従来の重い負担水準が維持されています。さらに充実が求められている低年齢児保育については、みるべき改善は皆無という状況です。

ここで注意すべきは、政府のいう追加投入額には、地方負担分を含んでいるということです。これまでも、国基準の補助額や施策が不十分で、地方自治体は保育の拡充のために独自負担をしてきました。新制度で新たに財源を投入するといっても、自治体からすればすでに対応済みのことかもしれません。よって、追加財源が投入されたからといっても、自治体レベルでこれまで支出してきた独自負担との置き換えがなされれば、政府が言うほどの拡充にならないのです。事実、3歳児保育の条件改善のために行っていた独自補助を、新制度導入を機に廃止する自治体もでています。

こうした状況を打ち破るためには、保育の重要性や保育現場の厳しい実態を伝えながら、消費税に限定することなく、財源の拡大を求めることが今後も必要といえます。

３）子どもの権利性をより高めた「改革」か

新制度は従前の制度より、子どもの権利が位置づけられているという見解があります。しかし、どうもその論拠は薄弱です。確かに、新制度に関わる政府文書に、子どもの権利条約が謳う「子どもの最善の利益」を実現する社会をめ

ざすとの考え方が示されています。そうした文言が位置づいたこと自体は評価できますし、今後制度改善の主張をする際の拠り所の一つとして大いに活用すべきです。だからといって、この制度が現時点で子どもの権利保障のために具体的に機能していると即断することはできません。

子どもの権利というなら、平等性の確保は必須ですが、新制度における保育の格差問題は深刻です。

また、権利を保障するためには、最終的に行政が責任を負うことが不可欠です。法律に具体的な行政責任が規定されていなければなりません。そう考えたときに、子どもの保育保障に関する新制度の行政責任は、児童福祉法24条1項以外は曖昧なのです。子どもの権利保障のためには、国・自治体に努力義務を課すだけでは、その不作為を問うことは難しく、あまりに不十分といえます。今後は、24条1項を基礎にしながら、改善を積み上げ、子どもの保育を受ける権利を明記させるような抜本的な改革を求めていく必要があります。

4）幼保「一元化」に向けた「改革」か
──実は保育施設は「三元化」に

新制度によって、幼稚園・保育所制度と二元的であった日本の制度が「一元化」に向けて一歩前進したとの意見がありますが、本当でしょうか？

真の意味での一元化とは、保育に関わる制度や基準、財政のあり方等を統一させた上で、子どもや地域の実態に合わせながら、平等に保障する新たな制度を確立することにあると考えます。

しかし、新制度はこれまでの幼稚園・保育所制度がさまざまに異なっている状況を、そのまま移行させたような状態にあります。幼稚園で認められてきた、年齢別学級編成の考え方やそのための財政的対応を、保育所の3歳以上児には適用しないということなどが、そうした代表例です。

実際に、後述する保育と教育（学校教育）を区分けするような法規定や、保育に関わる基準等を複線化するなど、およそ一元化とは逆行する方向に向かっているともいえます。

さらに、新制度になることで、施設・事業者への公費投入のあり方からみて、保育施設に3つの類型ができてしまいました（①市町村の実施責任に基づいて、その施設の運営費用を委託費として市町村が支弁する保育所、②私学助成という施設の運営経費への公費補助を施設が受け取る従来型の幼稚園、③新制度で

新たに登場した、利用者補助である給付を、代理受領する認定こども園や新制度に移行した幼稚園（給付型幼稚園）と地域型保育の各事業）。この点からみれば、新制度は一元化どころか三元化させた「改革」といえます。

　「一元化」に対する共通理解ができていないので、既存の幼稚園、保育所が認定こども園になることを、「一元化」と捉える人も多いようです。しかし、先にみたように、新制度は、総合こども園という性急な施設の統合策を否定した上で、認定こども園への保育所等の移行も強制しないことになっています。今後も保育所、幼稚園、認定こども園が併存することが前提で新制度は作られているのです。しかも一元化とは、保育所対象児と幼稚園対象児を午前中一緒に保育すればいいという単純なものではないはずです。

　真の意味での一元化に向けた取り組みは、新制度によって明らかになった施設や子どもの間に存在する種々の問題や格差をどう解決・是正していくのか、丁寧に論議を行うことから、はじめられなければならないでしょう。

5）社会福祉・社会保障制度「改革」の一環

　新制度は、介護保険をモデルにした福祉制度改革の一環として提起されたものです。この改革は、福祉の提供に行政が責任を持っていた「措置制度」をやめ、利用者と事業者の当事者任せにし、自治体の役割を後退させるものです（これを直接契約化といいます）。高齢者福祉の分野では、介護保険化を機に営利企業の参入が一気にすすみましたが、新制度も保育分野への営利企業参入を促進させるなど、その市場化をめざした改革として提起されたのです。

　この改革に、2009年に成立した民主党政権の、幼稚園と保育所の「一体化」が付け加わり、保育所をすべて「総合こども園」という新しい施設にすることを柱に、関連法案が国会に提出されました。

　前項で説明したように、この法案は自公民3党による協議が行われ、保育所については、市町村の保育実施責任を維持する（児童福祉法24条1項の復活）、保育所・幼稚園からの認定こども園への移行は強制しない、等の合意の上に、関連法案の修正・取り下げ等が行われ、2012年8月の国会で成立したのです。この時同時に成立した法律に社会保障制度改革推進法がありますが、同法に基づいて2013年には社会保障制度改革プログラム法が成立しています。これらは、社会保障関係の公費負担抑制（それは国民負担増や、給付水準低下を意味する）のために、社会保障制度全体の見直しを企図した法律といわれています。

保育所や幼稚園制度の動向ばかりを見ているだけでは、把握できないこうした政策の流れの中に組み込まれていることを知った上で、新制度の評価をしていくことが必要です。

一方で社会保障制度の全体的な見直しについては、先の法律によって方向性が確認されているものの、どう具体化されるかについては、今後の政治状況や国民の運動にかかっているといえます。

こうした枠組みの中にあっても、市町村の実施責任を規定した児童福祉法24条1項を復活させ、制度見直しに歯止めをかけたことは、忘れてはならないことです。今後、24条1項を起点に、子どもの保育を受ける権利の法制化を求めるなど、幼稚園制度も含めて公的責任を拡げることを展望した息の長い取り組みが求められています。

6）教育「改革」のための新制度

新制度は、教育「改革」の一翼を担っています。教育改革は、2006年の教育基本法「改正」を画期に、学力競争や、教育に対する政治的な支配の強化を企図したものといえます。今後新制度のもとで、これまで以上に私立幼稚園等に対する首長や国の影響を強めること、小学校との連携強化をはじめ、幼児期の保育を「学校教育」化することなどが打ち出されていくと予測されます。

こうした方向性を受けて、すでに、これまで保育界が大切にしてきた養護と教育を統一した保育という概念を否定するような、教育・保育に関わる法律上の定義がされたり、教育は国家戦略との関係で、ある程度「重視」するものの、養護・福祉は軽視するようなしくみづくりや運用上の設定が、新制度の中で進展しようとしています。改めて、幼児期にふさわしい保育のあり方と、それを支える制度をどう構築し、子どもたちに平等にそれを保障するのかが問われているといえます。

7）市町村を実施主体とする「改革」

新制度は、市区町村（以下　市町村）が実施主体になります。

市町村は、2015年4月の新制度スタートまでに、新たに創設された地域型保育の各事業の認可基準を条例化したり、数多くの事柄に変更を加えたりしました。

条例化に際しては、多くの市町村は、国基準どおりの内容で条例化したようです。中には、よりよい条件での条例制定を求める住民に対して、国基準以上

の内容を条例化することは制度上できないと地方自治を否定するような対応があったことも報告されています。

　一方で、国基準を超える条件を条例に盛り込んだ市町村もあり、重要な成果として確認しあう必要があります。

　また、復活した児童福祉法24条1項の存在や意義をほとんど説明しないといった内閣府等の対応に問題があったために、市町村レベルで適正な手続きがとられていないケースも散見できます。一方で、市町村当局が学習を深め、住民要求をふまえながら、独自の判断で新制度の問題点を是正するような例もあります。

　さらに、激変緩和のためにとりあえず従前のしくみを踏襲した自治体が、今後徐々に新制度に合わせてしくみを変更したり、対応を変えたりすることが予測されます。新制度はこれから具体化されるといっても過言ではないでしょう。大きな変化がなかったと安心せず、保育料の見直しなど予測される事態に対応できるよう、今から準備していくことが必要です。

　新制度における対応では、公的責任を強化させる観点から自治体に期待する事柄が多いのですが、自治体任せでうまく事が運ぶわけではありません。住民や保育関係者からの絶えざる働きかけがあってこそ、健全な行政運営がなされるといえます。

　今後は、自治体当局者と住民・保育関係者の相互理解を深め合うなどの取り組み（たとえば、子ども・子育て会議を休眠させるのでなく、定期的に開催させて新制度の進行状況のチェックや見直しをするなど）を行うことで、積極的な事例を他の自治体にも拡げていくようなことが求められています。

8）施設の統廃合を促進させる「改革」

　自治体レベルでは、これまでもすすめられてきた、公立幼稚園の統廃合、公立保育所の廃止・民営化を、新制度導入を機に加速化させる動きがあります。たとえば、認定こども園化するとして、公立の幼稚園・保育所の統廃合が提起されたり、民間法人（保育所の場合は営利法人も可）に公立施設を安価・無償で譲渡することを認めるような、公私連携型保育所や公私連携幼保連携型認定こども園という新たなしくみを使って、公立施設の廃止・民営化が進められたりすることが心配されています。

　たしかに、新制度には統廃合を促進するような要素が盛り込まれていますが、

新制度が必ずしも統廃合を強要するしくみになっているわけではありません。たとえば、幼稚園がなく保育所しかない市町村で、新制度になったから保育所を認定こども園に移行させなければならないとした論議が起こることが予測できますが、一方で新制度は、市町村判断で保育所において幼稚園対象の1号認定の子どもを受け入れることも認めています。

　地域の施設のあり方は、住民が決定する事項であることをふまえ、新制度の中から活用できる点を見つけ出し、制度全体や市町村の施策の改善をはかっていくことが必要といえます。

　歯止めをかけながら、新制度の改善を勝ち取る視点
　新制度は、これまでみたような特徴を持っている「改革」です。保育の充実という夢を託して好意的に評価している方も多いのですが、残念ながら積極的な変化が、新制度であったわけではないのです。
　また種々の問題のある意図をもって提起された新制度ですが、それらがねらいどおりに具体化されているわけでもありません。
　その意味で、新制度は完成された制度ではなく、言い換えれば、非常に中途半端な「改革」といえます。
　今後、新制度における当初の政策的なねらいを具体化させたい立場からも、新制度を「本来の姿」に戻すためにさまざまな変更・修正が行なわれることが予測されます。
　一方、子どもの権利保障を前進させる立場からみれば、法案成立にあたって児童福祉法24条1項が復活したように、真の意味で「すべての子どもに平等で豊かな保育を保障する」ための足がかりは残っているといえます。
　具体的な改善を勝ち取るためにも、本書の各稿に展開したような取り組みをすすめ、やがては法改正を含めた抜本的な改革を展望すべきと考えます。

　　　　　　　　　　　　　　　　　　　　　　　　　　（逆井直紀）

3 新制度の核心
給付制度の意味、保育に持ち込まれる格差を考える

> 📘 ポイント

- ▶直接契約・給付制度の問題点を確認しあおう
- ▶保育に格差が持ち込まれることの危険性を確認しあおう
- ▶制度の詳細を学びつつ、児童福祉法24条1項を足がかりに改善をすすめよう

　新制度は、戦後初めての大きな「改革」というわりに、実際の変化は少ないと、感じている方が多いようです。児童福祉法24条1項が残った保育所の関係者は、特にそう思っていることでしょう。

　確かに、これまでの条件やしくみがそのまま新制度にスライドした事柄も多いので、そう感じるのも無理はありません。しかし実際は、制度的な大きな変化がありました。その核心部分は、直接契約化と給付制度への変更と、公的保育の制度内に基準等の格差が持ち込まれたことです。

　新制度の姿を正確にとらえるには、この2つの変化が持つ意味を考えることが重要です。それは、本書全体を通じて理解いただく課題でもありますが、ここで簡単な整理をしてみます。

　直接契約化と給付制度への変更（現物給付から現金給付へ）
　新制度という「改革」の核心ともいえるものの1つに、市町村責任によって保育を提供する保育所制度を改め、介護保険の利用のしくみをモデルに利用者と事業者の直接契約を基点にするしくみに切り替えることがあります。

　従前の保育所制度は、市町村の責任で保育という現物サービスを子どもに手渡す（これを現物給付といいます）のに対し、新制度では、保育の提供は利用者と事業者の直接契約に委ねられます。市町村は保育の提供の基点となる直接契約にかかわる（介入する）ことはできません。市町村は、後述する認定作業と保護者向けの給付金を支払うことに直接的な責任を負うのみになります。

　内閣府等は（図表2）のように、新制度の概要を説明しています。

保育にかかわる①施設型給付と②地域型保育給付は、③児童手当と同列に整理されて「（1）子ども・子育て支援給付」として括られています（図表左上部分）。実際には、施設・事業者が代理受領するものの、保育にかかわる給付は、児童手当と同様、保護者に対する現金の支給なのです。

ここでは、給付制度の問題点を2つ指摘します。

第1に、使途制限の問題です。通常、公費支出は、支出の目的が明確にされ、目的以外には使えないという規制があります。従前の保育所制度では、市町村からの委託事業として民間事業者に委託費（公費）が支弁され、この公費には、保育事業以外には使えないという使途制限が原則的にかけられていました。一方、新制度の給付金は、支出された段階で保護者向けの補助という目的は達成されており、代理受領する施設・事業者には使途規制はおよびません。新制度では、保育事業で得た収益を株式配当等何に使おうと自由です。営利企業にとっては格段に「使い勝手のよい」制度といえるのです。

第2の問題は、保育の費用補償という視点が弱くなるという問題です。

これまで私立保育所に委託費として支払われた保育の費用は、保育所の運営費に使用するためのものです。よって、その額は、保育にかかわる経費として、どのようなものに対してどんな単価を設定して積算しているのか（たとえば、

(図表2) 子ども・子育て支援法に基づいて市町村が行う給付・事業の全体像

（1）子ども・子育て支援給付	（2）地域子ども・子育て支援事業
① 施設型給付 ・認定こども園、幼稚園、保育所を通じた共通の給付 ※私立保育所については、現行どおり、市町村が保育所に委託費を支払い、利用者負担の徴収も市町村が行うものとする ② 地域型保育給付 ・小規模保育、家庭的保育、居宅訪問型保育、事業所内保育 ③ 児童手当	① 利用者支援事業（新規） ② 地域子育て支援拠点事業 ③ 妊婦健康診査 ④ 乳児家庭全戸訪問事業 ⑤ 養育支援訪問事業 　その他要支援児童、要保護児童等の支援に資する事業 ⑥ 子育て短期支援事業 ⑦ ファミリー・サポート・センター事業 ⑧ 一時預かり事業 ⑨ 延長保育事業 ⑩ 病児保育事業 ⑪ 放課後児童クラブ ⑫ 実費徴収に係る補足給付を行う事業（新規） ⑬ 多様な主体が本制度に参入することを促進するための事業（新規）

■子ども・子育て支援事業計画の作成（60～64条）
　国の基本指針の作成、市町村及び都道府県は基本指針に則して5年を1期とする事業計画を作成
■子ども・子育て会議等（72～77条）
　国の子ども・子育て会議の設置、市町村・都道府県の合議制機関の設置努力義務

財源　☆施設型等給付は国1/2、都道府県、市町村各1/4負担と義務的負担（支援法65、67、68条）
　　　☆地域子ども・子育て支援事業は交付金が財源。原則的には、国・都道府県・市町村が1/3ずつ負担（支援法68条2）。

資料：内閣府等「子ども・子育て関連3法について」（2013年5月）より作成

保育者の人件費や、子どもの教材費・給食の食材費等)、その内容・水準が子どもの権利を保障するに足るかどうか厳しい吟味の対象になっていました。

　一方、新制度の給付はあくまで保護者補助です。保護者が保育を買うことを援助する補助ですから、保護者への援助としてその額が適当かどうか問われることはあっても、保育費用の水準やその水準に対する直接的な関心は薄くなります。つまり、給付金を市町村が支出するといっても、それは保育費用に対して責任を負うものではないということです。

　このように、2つの問題点を合わせると、給付のしくみに変更したことは、行政が子どもの保育にかける費用に対して、直接の責任を負わない、あるいは負いにくいしくみを導入したといえるのです。

　はたして、それで子どもの命や成長を保障する保育を守り向上させることができるのでしょうか？　幸いにして、児童福祉法24条1項が復活し、子ども・子育て支援法附則6条が規定されたことで、保育所については、市町村の保育実施責任が残り、給付金ではなく保育の費用を委託費として保育所が受け取るしくみが継続することになりました。

　そのことが、給付金の算定の仕方にも影響して、公定価格という子どもの保育費用を、種々の基礎的な費用を積算して算出する従来の保育所制度を引き継ぐようなしくみになりました。しかし、そのしくみが維持されるかどうかは今後の運動にかかっているといえます。新制度のモデルといわれる介護保険の報酬の算出方法は、介護に関する種々の費目の積算ではなく、介護事業者の経営状況から判断して、収益がでていることを理由に、報酬単価を引き下げるような非常に問題あるしくみになっています。実際そのしくみによって、介護報酬は制度発足時に比べ減額がつづきました。

　新制度でも、保育所以外が、直接契約と給付のしくみになっていることや、保育所の場合でも、その保育費用の算定の基礎が、給付であることを合わせると、今後、給付制度に変更された影響が出てくる可能性があるといえます。

　こうした問題点を共有しながら、今変化がないからよかったと安心することなく、より改善させるしくみをどう構築するかが課題です。

　保育に格差を持ち込むしくみ
　さらに新制度は、保育の分野に格差を持ち込むしくみといえます。

待機児童対策や過疎地での保育の切り札として、新たに導入された地域型保育の各事業では、定員規模が小さいことを理由に、保育所に比べ保育者の資格要件を緩和することなどが国基準に盛り込まれてしまいました。

　幼稚園には定員の下限がないことを考慮すれば、20人という保育所の定員の下限を引き下げることで対応は可能で、わざわざ資格要件を緩和した小規模な保育を別に創設する必要などなかったといえます。

　にもかかわらず小規模保育等の地域型保育を創設したのは、保育所と条件に差をつけることが目的であったと考えられます。つまり、新制度は子どもにとって不平等なものを内包したしくみであり、実施にあたっては、その弊害を取り除くことが大きな課題といえます。

市町村の責任と子どもの権利——児童福祉法24条1項復活の意味

　このように問題のあるしくみを内包した新制度ですが、保育の市場化に歯止めをかける重要な成果を、法案成立の過程で勝ち取ることができています。それが児童福祉法24条1項の復活です。

　繰り返しになりますが、新制度になっても、保育所はこれまでと変わらず市町村の責任で保育が実施されることになり、私立保育所には市町村から保育費用として委託費が支弁されます。保育料については、認定こども園等の直接契約施設が事業者自らの責任で徴収するのに対し、保育所はその任を負わず、従来どおり市町村が徴収することになりました。

　このことは、保育の提供を、利用者と事業者の直接契約という当事者まかせにするしくみに比べ、子どもの権利保障という点で重大な意義があります。

　また、児童福祉法24条1項が残ったことで、制度全体に影響を与えることになりました。24条2項が適用される直接契約の施設・事業の申込み・利用についても、当分の間、市町村がすべての申込みを受け付け、実質的に利用者を決めることができるという利用調整の説明などがその代表例です。無論、その法的根拠の問題など疑問はつきませんが、新制度スタート後の状況を見る限り、直接契約による大きな混乱は回避できたようです。

　今後も、市町村の実施責任を基点にして、平等性の確保の観点から子どもの権利の確立を求めていくことが課題といえます。

（逆井直紀）

第2章
新制度を理解する
——問題点と改善課題

（1）市町村の保育実施義務と保育の利用

1　児童福祉法24条1項と市町村の保育実施義務

🔲 ポイント

- ▶新制度でも、保育所については市町村が保育実施義務を負う
- ▶保育所以外の施設・事業についての市町村責任は間接的な保育確保義務
- ▶すべての子ども、施設・事業に市町村の保育実施義務を

新制度の本質と市町村の保育実施義務の維持

　2015年4月からはじまった子ども・子育て支援新制度（以下　新制度）の目的は、これまでの保育制度（市町村委託・施設補助方式、自治体責任による入所・利用のしくみ）を解体し、介護保険法のような給付金方式（利用者補助方式）・直接契約方式（保護者の自己責任による利用のしくみ）に変えることにあります。給付金方式にすることで、保育所への補助金は廃止し、使途制限をなくして企業参入（保育の市場化）を促して保育提供の量的拡大をはかるとともに、市町村の保育実施義務（保育の公的責任）をなくすことを意図して構築された制度といえます。

　同時に、新制度では、これまでの保育所以外に、認定こども園や家庭的保育事業等（家庭的保育事業、小規模保育事業、事業所内保育事業、居宅訪問型保育事業の4事業）も給付対象とすることで、多様な施設・事業が並存するしくみとなりました。これにより、とりわけ、現在の待機児童の8割以上を占める0～2歳児を対象とする、保育所保育に比べ保育水準の低い小規模保育事業などを増やし、いわば安上がりに、待機児童の解消をはかろうとしているのです。

　こうした政策意図のもと、児童福祉法24条1項に定められていた市町村の保育実施義務は、当初の児童福祉法改正案では削除されていました。しかし、多くの保育関係者の批判と反対運動の結果、国会の法案審議過程で復活することとなったのです。すなわち、改正された児童福祉法24条1項は、市町村が「保護者の労働又は疾病その他の事由により、その監護すべき乳児、幼児その他の児童について保育を必要とする」児童を「保育所において保育しなければなら

ない」と規定し、市町村の保育実施義務は、少なくとも保育所の利用（入所）児童については、新制度のもとでも維持されることとなりました。これは大きな成果といってよいでしょう。

児童福祉法24条1項と2項との違い

ところで、改正前の児童福祉法では、認可保育所の不足などで保育所保育ができない「やむを得ない事由」がある場合には、市町村は、保育所保育に代えて、家庭的保育事業による保育を行うなど「その他の適切な保護」を行う義務があると規定していました（旧児童福祉法24条1項ただし書き）。このただし書きは、改正児童福祉法では削除されています。ただし書きが削除されたのは、政府（内閣府や厚生労働省）の行政解釈では、児童福祉法24条1項に「次項の定めるところによるほか」と規定されていることから、保育所保育を原則とする従来の制度と異なり、新制度では、認定こども園や家庭的保育事業など、保育所以外の多様な保育施設・事業（以下「直接契約施設・事業」）が並存しており、保護者が、それらの中から希望の施設・事業を選択することができることを踏まえたためとされています[注1]。つまり、希望の保育所に入れなくても、保育所の代わりに認定こども園などが利用できれば、市町村は義務を果たしているというわけです。

しかし、前述のように、新制度でも、保育所を利用する子どもに対しては、市町村は保育の実施義務を負いますが（児童福祉法24条1項）、直接契約施設・事業を利用する子どもについては、児童福祉法24条1項の射程の範囲外で、同条2項が適用されます。この場合、保育の実施義務を負うのは、市町村ではなく、契約の当事者である認定こども園や家庭的保育事業者などとなります。市町村の義務は、直接的な保育実施義務ではなく、「必要な保育を確保するための措置を講じなければならない」という間接的な保育確保義務にとどまります（児童福祉法24条2項）。

児童福祉法24条1項と2項とでは、市町村の義務の内容が異なっているのです（図表3）。市町村の義務の内容に違いがあるということは、市町村は2項の義務を果たしたからといって、1項の義務を免れるわけではありません。

注1 筆者を含めた全国保育団体連絡会・保育研究所と内閣府・厚生労働省との懇談の場（2014年9月9日）での厚生労働省担当者の発言。

ですから、保護者が保育所を希望しているのに入れず、市町村による利用調整の結果、やむなく直接契約施設・事業を利用することになっても、保育所入所を希望し続けることはできます。また、保育所に入れなかったことを不服とし、市町村に対して集団で異議申立てをしたり、市町村に保育所の増設を求めていくことは、新制度のもとでも可能なのです。保育所入所を希望する保護者にとって、この児童福祉法24条1項は、新制度においても、有効な権利主張の根拠であることに変わりはないのです。

児童福祉法24条1項を活かす運動を

保育の必要性（従来は「保育に欠ける」といわれていましたが、新制度ではこう呼ばれます）を認められながら、保育所に入れない待機児童がいっこうに減らないなか、2013年2～3月にかけて、認可保育所に入れなかった子どもの保護者による集団異議申し立ての運動が、東京都杉並区からはじまり、東京都足立区、大田区、練馬区、さいたま市など首都圏の自治体に拡大する大きな運動となりました。「保活」と呼ばれる保育所探しをしている保護者、もしくは入所不承諾とされた待機中の保護者を組織化し、みんなで「認可保育所に入

（図表3）改正児童福祉法24条1項と2項で異なる公的責任

改正児童福祉法24条1項	
市町村は、この法律及び子ども・子育て支援法の定めるところにより、保護者の労働又は疾病その他の事由により、その監護すべき乳児、幼児その他の児童について保育を必要とする場合において、次項に定めるところによるほか、当該児童を保育所（…）において保育しなければならない。	置を講じなければならない。 参考 旧児童福祉法24条1項 　市町村は、保護者の労働又は疾病その他の政令で定める基準に従い条例で定める事由により、その監護すべき乳児、幼児又は第39条第2項に規定する児童の保育に欠けるところがある場合において、保護者から申込みがあつたときは、それらの児童を保育所において保育しなければならない。ただし、保育に対する需要の増大、児童の数の減少等やむを得ない事由があるときは、家庭的保育事業による保育を行うことその他の適切な保護をしなければならない。
改正児童福祉法24条2項	
市町村は、前項に規定する児童に対し、認定こども園法第2条第6項に規定する認定こども園（…）又は家庭的保育事業等（家庭的保育事業、小規模保育事業、居宅訪問型保育事業又は事業所内保育事業をいう。以下同じ。）により必要な保育を確保するための措	

資料：内閣府「子ども・子育て支援新制度について」（2014年5月）より作成

れず困っている」ことを伝える手段としてはじまったのが、集団異議申立ての運動であり、この運動は、市町村が保育実施義務を果たし、保育条件の整った認可保育所を増やしてほしいという要求運動へと発展しました。

　新制度になっても、多くの保護者は、保育水準が高く、0歳から小学校就学まで継続して利用できる保育所保育を希望しています。しかし、待機児童解消のめどはたっていません。安倍政権が打ち出した「待機児童解消加速化プラン」(2013年4月)では、2017年度末までに、40万人分の受け皿（保育施設）を増やすとしていますが、各自治体の策定した子ども・子育て支援事業計画による確保数をあわせても、2017年度時点で約5万人の受け皿が不足しています。都市部を中心に、依然として、保育所不足が深刻で、多くの子どもたちが保育所を利用・入所できない状態が続いています。そのため現在も、前述のような保護者の異議申立ての運動は、収束するどころか、各地の自治体に拡大し続けています。

　待機児童をなくすためには、保育所を整備・増設していくべきですが、政府は、財政上の理由から、認可保育所の整備ではなく、保育所より保育水準の低い（それゆえ安上がりな）小規模保育事業などを増やして量の充足をはかり、待機児童の解消をはかろうとしています。そのためか、政府は、新制度においては、保育所の利用を希望しながら、新制度に入っている施設・事業（認定こども園など直接契約施設・事業を指します）を利用している子ども、自治体の補助を受けている認可外保育施設を利用している子どもなどは、待機児童に数えないとする待機児童の定義を示しています。

　しかし、前述のように新制度のしくみでは、保育が必要と認定された子どもたちのうち保育所を選択し利用する子どもには、児童福祉法24条1項にもとづいて市町村が保育実施義務を負うのに対して、保育所以外の認定こども園など直接契約施設・事業を選択・利用する（せざるをえなかった）子どもに対して市町村は、直接的な保育の実施義務を負わないということになります。子どもの保育に格差が生まれているのです。本来であれば、公的責任を担保した、保育条件の整った認可保育所を増設すべきです。ただ、都市部では、待機児童の増加に、保育所の増設が間に合わないところも出ています。そこで、当面の措置として、小規模保育事業などの保育水準を保育所並みに引き上げ、保育の格差をなくしていく必要があります。将来的には、児童福祉法24条1項に規

定されたような市町村の保育実施義務を、保育所以外のすべての施設・事業に適用する法改正がなされるべきと考えます。

(伊藤周平)

✓ ここに注目

実態を正確に反映しない待機児童の定義

　厚労省は2015年1月、新しい待機児童の定義を明らかにした。その定義は、市町村に待機児童数を報告させる調査に関する通知において、国として待機児童の考え方を示したものである（資料は31頁）。新制度実施を踏まえた新たな定義の提示であったが、基本的にこれまでの考え方を踏襲している。

　特徴点は第1に、認可保育所を希望している保護者が多いにも関わらず、その定員が足らず次善の策として小規模保育等の地域型保育の事業を利用した場合は、待機児童から外している点である。新制度になった以上、同じ認可施設・事業なのだから、認可保育所と小規模保育にも差がないということだが、児童福祉法24条1項や、保護者の希望の実現という点で、問題ある対応といわざるをえない。

　さらに新制度に入っていない幼稚園も預かり保育の補助を受けている園、認可外施設でも自治体の単独補助を受けている施設を利用する場合は、待機児童から除くとしている点も問題だ。新制度は、保護者の選択を尊重するしくみであったはずであり、早急な是正が求められる。

　第2には、入所できずやむを得ず育休を延長した場合も含めた育休中の子どもの取り扱いや、どこにも入所できずに待機している保留児の扱いについては、自治体の判断で待機児童数から「除外することができる」としている点である。自治体ごとにまちまちな判断で、待機児童数を出している現状が改善されることもなく、そうした数を国が集計することに疑問を禁じえない。

　また、育休中の子どもを待機児童から除外することなどで、市町村が対応すべき保育需要量が過少になる点も軽視できない。これでは、可能な限り正確な需要予測の上に計画的な供給体制の整備を行うという新制度の方針が、看板倒れになっているといわざるをえない。

適正な保育所の整備計画を立てるためには、児童福祉法24条1項を踏まえ、①保育所を希望しつつも入所がかなわなかったという「保育所待機児童」と、②認定を受けながら新制度下の他の保育も利用できなかった「保育利用待機児童」といった区別をして数を把握し公表することが必要だ。さらには、利用できないでいる家族や子どもの状況や意向をしっかり把握することも重要だ。行政担当者が、個々の家族の相談にのりながら具体的な入所につなげていくことが大切である。

　加えて、事業計画に反映させ必要な見直しをさせるために、事業計画策定に関わって設定された提供区域ごとに、待機児童の数等を明らかにさせることは当然のことである。こうしたことは、新制度の実施主体である市町村の最低限の責任といえる。にもかかわらず数値の公表すら渋る例もあるので、住民や議会が要求し続けることが肝要である。

（逆井直紀）

▷資料

（定義）保育所等利用待機児童とは
　調査日時点において、保育の必要性の認定（2号又は3号）がされ、特定教育・保育施設（認定こども園の幼稚園機能部分及び幼稚園を除く。以下同じ。）又は特定地域型保育事業の利用が申込がされているが、利用していないものを把握すること。
（注1）保護者が求職活動中の場合については、待機児童に含めることとするが、調査日時点において、求職活動を休止していることの確認ができる場合には、本調査の待機児童数には含めないこと。
（注2）広域利用の希望があるが、利用できない場合には、利用申込者が居住する市町村の方で待機児童としてカウントすること。
（注3）付近に特定教育・保育施設又は特定地域型保育事業がない等やむを得ない事由により、特定教育・保育施設又は特定地域型保育事業以外の場で適切な保育を行うために実施している、
　① 国庫補助事業による認可化移行運営費支援事業及び幼稚園における長時間預かり保育運営費支援事業で保育されている児童
　② 地方公共団体における単独保育施策（いわゆる保育室・家庭的保育事業に類するもの）において保育されている児童
　③ 特定教育・保育施設として確認を受けた幼稚園又は確認を受けていないが私学助成、就園奨励費補助の対象となる幼稚園であって一時預かり事業（幼稚園型）又は預かり保育の補助を受けている幼稚園を利用している児童
　については、本調査の待機児童数には含めないこと。
（注4）いわゆる"入所保留"（一定期間入所待機のままの状態であるもの）の場合については、保護者の特定教育・保育施設又は特定地域型保育事業の利用希望を確認した上で希望がない場合には、除外することができること。
（注5）特定教育・保育施設又は特定地域型保育事業を現在利用しているが、第1希望の保育所でな

い等により転園希望が出ている場合には、本調査の待機児童数には含めないこと。
(注６) 産休・育休明けの利用希望として事前に利用申込が出ているような、利用予約（利用希望日が調査日よりも後のもの）の場合には、調査日時点においては、待機児童数には含めないこと。
(注７) 他に利用可能な特定教育・保育施設又は特定地域型保育事業等があるにも関わらず、特定の保育所等を希望し、保護者の私的な理由により待機している場合には待機児童数には含めないこと。
　※　他に利用可能な特定教育・保育施設又は特定地域型保育事業等とは、
　（１）開所時間が保護者の需要に応えている。（例えば、希望の保育所と開所時間に差異がないなど）
　（２）立地条件が登園するのに無理がない。（例えば、通常の交通手段により、自宅から20～30分未満で登園が可能など）
　（３）特定教育・保育施設又は特定地域型保育事業以外の場で適切な保育を行うために実施している、国庫補助事業による認可化移行運営費支援事業及び幼稚園における長時間預かり保育運営費支援事業の対象となっている施設
　（４）地方公共団体における単独保育施策（いわゆる保育室・家庭的保育事業に類するもの）の対象となっており、市町村子ども・子育て支援事業計画の提供体制確保に規定されている施設（保護者の保育ニーズに対応していることが利用者支援事業等の実施により確認できている場合）
(注８) 保護者が育児休業中の場合については、待機児童数に含めないことができること。その場合においても、市町村が育児休業を延長した者及び育児休業を切り上げて復職したい者等のニーズを適切に把握し、引き続き利用調整を行うこと。

厚労省保育課長通知「保育所等利用待機児童数調査について」
（雇児保発0114第１号 - 2015.1.14）

（1）市町村の保育実施義務と保育の利用

2 保育の利用のしくみ──支給認定と利用手続き

> 📋 **ポイント**
>
> ▶保育の利用には市町村の支給認定（保育の必要性と必要量）が必要
> ▶保育を必要とする子どもは、3歳以上（2号認定）の短時間と標準時間、3歳未満（3号認定）の短時間と標準時間に区分される
> ▶子どもの状況から必要性を認定するよう市町村判断を

支給認定のしくみ

新制度では、保育所や認定こども園、家庭的保育事業などを利用するには、市町村に申請して支給認定を受けなければなりません。

新制度のもとでの保育所入所の手続き・流れは次のようになります。

① 保護者は、まず、子ども・子育て支援法（以下　支援法）の規定にしたがい、市町村に支給認定を申請します。

② 市町村が、その保護者の子どもについて給付資格（保育の必要性）と保育必要量（時間区分）を認定し、認定証を交付します。

③ 保護者が、保育所利用を希望する場合には、認定証をもって市町村に利用の申込みを行います。

④ 市町村が保育所利用を承諾します。

⑤ 市町村は、子どもに対して、公立保育所で（もしくは私立の認可保育所に委託し）保育を提供します。41頁の図表4を参照してください。

新制度では、これまでの保育制度では一体で行ってきた、保育所入所要件（「保育に欠ける」要件）の審査と入所決定の手続きとを分離したため、保護者にとっては2回の申請・申込み手続きを踏まなくてはならず煩雑になりました。ただし、実務上は、保護者は、支給認定の申請の際に、申請書に「希望する施設（事業所）名」を一緒に記入するので、保育所などの入所・利用の申込みも同時にできる形となっています。

保育の必要性の認定

新制度の支給認定では、まず、保育の必要性の認定を行います。子ども・子育て支援法19条と20条によれば、保育の必要性のある子どもとは「保護者の労働又は疾病その他の内閣府令で定める事由により家庭において必要な保育を受けることが困難である」子どもとされています。上記の事由は、①就労と②就労以外の事由とに区分され、①の就労については、フルタイムのほか、パートタイム、夜間の就労など基本的にすべての就労を対象とするとされ、②の就労以外の事由については、保護者の疾病・障害、産前産後、同居親族の介護、災害復旧、求職活動および就学、などが挙げられています。

新制度では、これまでの「保育に欠ける」という言葉が「保育の必要性」に変わったこと、求職活動や就学などの事由も盛り込まれたことから、利用要件が拡大したと評価する見解もあります。しかし、求職活動などの事由は、これまでも、すでに厚生労働省の通知で認められていました。また、育児休業中の上の子の保育についても、引き続き利用することが必要であると認められることが問われます。実際に、埼玉県所沢市では、これまで、保護者が育児休業をとった場合、継続申請書を提出すれば、在園児（上の子）は年齢に関係なく、保育継続が保障されていましたが、新制度の実施とともに、2015年4月から、保護者が育児休業をとると、保護者の病気や生まれた子どもに障害・疾病があるなどの場合を除いて、0～2歳児クラスの子どもは、原則退園となる運用がなされるようになりました。従来の制度から後退した典型的事例です[注1]。

そもそも新制度でも、利用できる保育所などが不足しているため、これまでと同様、保護者が求職中や就学、さらにはパート労働などの場合は、フルタイムで就労している保護者にくらべ優先順位が低くなり、子どもは保育所に入れません。また、夜間就労に対応できる保育所が稀少であることからも明らかですが、新制度のもとでの「保育の必要性」は、これまでと異なり、保育所保育だけで充足されることを想定していません。認定こども園や家庭的保育事業など、保育所以外のさまざまな基準のさまざまな施設・事業を利用した場合にも、支援法上の給付があり、新制度では、むしろ、そうした保育所以外の施設・事業の利用が奨励されています。

注1　2015年6月25日には、所沢市の保護者11人が、さいたま地裁に、育児休業を取得したことを理由にした退園処分の差止を求める行政訴訟と仮の差止を申立てています。

また、保育の必要性の事由（要件）は、いずれも保護者側の事由で、子どもの側の事由は入っていません。たとえば、子どもに障害がある場合でも、保護者が就労などしていなければ、保育を必要とする子どもには該当せず、保育所などに入所できないことになります。ただし、障害児保育について、これまでの利用が継続されるよう、上記の事由に類するものとして、市町村が必要と認める事由に、子どもの障害と集団保育の必要を組み込むことは可能です。

保育必要量の認定

　上記の事由にもとづき、市町村は、満3歳以上で保育の必要がない子ども（子ども・子育て支援法20条1項1号に該当する子どもで「1号認定子ども」といわれます。以下同じ）、満3歳以上で家庭において必要な保育を受けることが困難な子ども（2号認定子ども）、満3歳未満で家庭において必要な保育を受けることが困難な子ども（3号認定子ども）に分け、ついで、2号・3号認定の子どもについては、政令で定める基準にしたがって、保育必要量の認定を行います。

　保育必要量の認定は、1月当たり平均275時間（1日当たり11時間）までの保育標準時間と、月平均200時間（1日当たり8時間）までの保育短時間の区分に分けて行います。なお、1号認定子どもは、保育必要量の認定は行わず、教育標準時間（幼稚園と同じ4時間程度）が保障されます。

　保育必要量の区分の基準については、保育の必要性にかかる事由が就労の場合は、保護者の就労時間を勘案して行い、就労時間が月120時間以上の場合には、原則として保育標準時間の認定とし、月120時間未満の場合は、原則として保育短時間の認定とすることとされました。就労以外の妊娠・出産、災害復旧、虐待またはＤＶのおそれがあることといった事由については、一律に保育標準時間認定とすること、保護者の疾病・障害、求職活動および育児休業取得時の継続利用といった事由については、市町村の判断により、保育標準時間認定または保育短時間認定の区分を設けないことができるとされています。

　また、新制度実施前から保育所を利用している子どもが、施行後に、保育所を退所し、または保育所を利用することができる時間数が減少することにならないように、経過措置が設けられています。具体的には、施行日から起算して10年を経過する日までの間は、就労の事由について、1月当たりの労働時間

数を48時間から64時間までの範囲に限定せず、市町村が定めることができることとし、施行前の保育所入所の子どもについては、すべて保育標準時間認定が行われたとみなし、保護者からの申し出があれば、保育短時間認定に変更できるとされました。

支給認定の課題

　新制度では、保育短時間認定の子どもについても、原則的な保育時間である1日8時間の保育が保障されることとなりました。

　具体的には、保育所が開所時間のほかに、8時間のコア時間を設定します。設定された時間帯とずれて利用した場合には、仮に利用時間が8時間以内であったとしても延長保育となり、延長保育料を請求される可能性があります。認定された保育時間を超えた保育については、給付金が支給されないため「延長保育」となり、保護者の金額負担となるからです。

　保育標準時間の認定の子どもについては、これまでの保育所の開所時間にあわせ11時間までの保育時間とされました。また、公定価格（施設型給付費の保育単価）上も、短時間の子どもの単価は、標準時間の子どもの単価の97％程度とされ、短時間の子どもが多い保育所などが大幅な減収になる事態は、とりあえずは回避されました。もっとも、標準時間の子どもの場合には、11時間の保育が必要となるのに、保育士配置の財政的手当が十分にされていないため、標準時間の子どもが多い保育所では、保育士の過重労働が拡大する可能性があります。とくに、新制度実施時点で、保育所に在籍している子どもについては、保護者からの申し出がない限り、標準時間の認定となる経過措置が設けられており、保護者すべてが11時間保育を求めてきた場合、対応しきれなくなるかもしれません。

　新制度では、保育必要量の認定を新たに導入したため、大きな混乱が生じています。私見では、保育必要量の認定は廃止すべきと考えますが、そのような抜本見直しが行われるまでの間は、市町村が、保育短時間認定をしないなど、混乱を防ぐため独自対応をすることは許容されるべきでしょう。

（伊藤周平）

✓ ここに注目

保育を受けられる子どもの範囲は拡がったの？

　新制度において、保育を受けられる子どもの範囲は拡大したのか？　その判断をするには、どんな場合に保育の必要性を認めるのか、その要件（事由）を定めた法令の規定を吟味する必要がある。新制度では、内閣府令である子ども・子育て支援法施行規則にその規定が定められている（資料は38頁）。

　まず、これまでの「保育に欠ける」ことを判断するための基準として示された要件（事由）に比べ、求職活動や就学が保育の必要性を認める要件（事由）として明文化された。下の子の育児休業取得に関わっては、上の子が「引き続き利用することが必要であると認められる」場合は、保育の継続が可能となったが、希望すれば上の子全員が保育を受けられるわけでない。市町村にその判断が委ねられているといえそうだ。上の子が３歳未満児の場合、ほぼ一律に下の子の育休取得時に退園させる市町村があり、今後の対応が注目されている。

　このような変化をとらえて、「新制度になって、従前の保育所制度に比べ、保育を受けることができる範囲が広がった」との意見がある。しかし、多くの自治体ではすでに対応済みの事項が規定されただけで、改善されたとはとても即断できない。各自治体での対応の変化など実態をふまえた評価が求められる。

　また、待機児童がいる地域では、いくら必要性の要件（事由）を拡大しても、実際の受け入れ枠が増えなければ、入所できないことに変わりはない。保育所の新設など受け入れ枠の拡大が課題といえる。

　必要性の判断に関わっては、より根本的な問題として、保育の必要性が就労など保護者側の状況でしか判断されないことが、新制度でも変更されなかったことを指摘したい。障がいや発達上の課題など子どもの側の状況によって、保育の必要性を認めるといった抜本的変更はなされていないのだ。

　政府は、認定こども園に関して、保護者の就労の有無に関わりなく保育を受けられると宣伝しているが、新制度における保育の必要性の判断は、旧態依然であり、子どもの権利保障の観点からの改善が今後の課題である。具体的には、保育の必要性を子どもの側の状況から判断されるようにすべきで、ドイツのように、１歳からの保育を子どもの権利として認めていくような改革が求められる。

（逆井直紀）

▷資料

子ども・子育て支援法施行規則
第1条 子ども・子育て支援法（以下「法」という。）第十九条第一項第二号の内閣府令で定める事由は、小学校就学前子どもの保護者のいずれもが次の各号のいずれかに該当することとする。
1 1月において、48時間から64時間までの範囲内で月を単位に市町村が定める時間以上労働することを常態とすること。
2 妊娠中であるか又は出産後間がないこと。
3 疾病にかかり、若しくは負傷し、又は精神若しくは身体に障害を有していること。
4 同居の親族（長期間入院等をしている親族を含む。）を常時介護又は看護していること。
5 震災、風水害、火災その他の災害の復旧に当たっていること。
6 求職活動（起業の準備を含む。）を継続的に行っていること。
7 次のいずれかに該当すること。
　イ　学校教育法（昭和22年法律第26号）第1条に規定する学校、同法第124条に規定する専修学校、同法第134条第1項に規定する各種学校その他これらに準ずる教育施設に在学していること。
　ロ　職業能力開発促進法（昭和44年法律第64号）第15条の6第3項に規定する公共職業能力開発施設において行う職業訓練若しくは同法第27条第1項に規定する職業能力開発総合大学校において行う同項に規定する指導員訓練若しくは職業訓練又は職業訓練の実施等による特定求職者の就職の支援に関する法律（平成23年法律第47号）第四条第二項に規定する認定職業訓練その他の職業訓練を受けていること。
8 次のいずれかに該当すること。
　イ　児童虐待の防止等に関する法律（平成12年法律第82号）第2条に規定する児童虐待を行っている又は再び行われるおそれがあると認められること。
　ロ　配偶者からの暴力の防止及び被害者の保護等に関する法律（平成13年法律第31号）第1条に規定する配偶者からの暴力により小学校就学前子どもの保育を行うことが困難であると認められること（イに該当する場合を除く。）。
9 育児休業をする場合であって、当該保護者の当該育児休業に係る子ども以外の小学校就学前子どもが特定教育・保育施設又は特定地域型保育事業（以下この号において「特定教育・保育施設等」という。）を利用しており、当該育児休業の間に当該特定教育・保育施設等を引き続き利用することが必要であると認められること。
10 前各号に掲げるもののほか、前各号に類するものとして市町村が認める事由に該当すること。

✓ ここに注目

保育必要量（短時間と標準時間）区分における混乱の具体例

　保育必要量の区分認定に関わる具体的な問題に注目する。
　政府の説明では、区分ごとに、1日当たり8時間（月平均200時間）、または11時間（月平均275時間）までという利用の上限設定がなされ、この時間内で保育を受けることができると説明されている。
　まず、認定に段階や区分を設けるのは、介護保険同様直接契約の給付制度に

はよくあるしくみだが、介護保険の場合、利用に応じて負担が発生するので利用は抑制的になる。ところが、新制度の場合、基本の保育料は利用した保育時間に関わらず所得に応じた形で設定されるので、認定を受けた子どもの保護者からすれば、制約なく認定された保育必要量すなわち保育時間の上限まで保育を利用できると理解するはずである。

　そうなれば、保育が今まで以上に長時間化する恐れがある。しかし、新制度において保育体制の改善がほとんどないので、そうした長時間化が進めば、保育の現場は今まで以上に疲弊してしまうだろう。そこで、園側は自衛の策として、勤務＋通勤時間に合わせた利用にとどめるよう保護者に要請することになる。これは従前の保育所制度と変わりがない。ならば、なぜ新たに区分が必要なのかとの疑問や批判が生じるのも当然だ。

　どの子にもその子どもに必要な保育時間を保障するには、認定制度を導入しても本質的な解決にはならない。なにより、長時間保育を保障できる体制整備が不可欠であり、園職員、保護者、行政担当者等と確認をしていく必要がある。

　政府は、市町村の判断で恒常的な延長保育利用となる短時間児は、標準時間への区分の変更を認めるなどとしているが、保育料徴収や認定変更等実務上は煩雑である。

　また、求職中の場合は短時間区分だが、職が決まって働きはじめたら標準時間への区分変更の手続きが必要になる。しかし、そのタイミングが自治体によってバラバラなので、月はじめに仕事をはじめたのに翌月はじめまで短時間と延長保育の組み合わせでの利用を余儀なくされ、延長保育料が負担になるなど、困った事態が日常的に起きており、園や認定を行う市町村当局における混乱が予測されている。

　長崎県佐世保市などの自治体では、そうした混乱を見越して、国との関係では、認定区分はするものの、利用者に対しては保育料をはじめ取扱いに差を設けずに混乱を回避する例もある。制度の抜本的改善を求めながら、当面の策として大いに学ぶべき対応といえる。

（逆井直紀）

(1) 市町村の保育実施義務と保育の利用

3　市町村の利用調整と直接契約

□ ポイント

▶市町村は、すべての施設・事業について利用調整を行う
▶市町村の利用調整は行政処分であり、異議申し立ての対象となる
▶すべての子どもに市町村が実施義務を負うしくみへの転換が課題

市町村の利用調整のしくみ

　ここでは、支給認定とともに、新制度で新たに加わった市町村の利用調整のしくみと問題点について説明します。

　新制度のもとでは、保育所以外の直接契約施設・事業（認定こども園、家庭的保育事業、小規模保育事業、事業所内保育事業、居宅訪問型保育事業）を利用する場合には、保護者は当該施設・事業者に直接利用の申込みを行い、契約を結ぶのが基本となります。保育料の徴収も、定員超の場合の選考も、これらの施設・事業者が行います。しかし、待機児童が多くいるなど、保育需要が供給を上回っている市町村では、利用者が特定の施設などに殺到し、混乱が予想されます。こうした混乱を回避するため、保育の必要性の認定を受けた子ども（2号・3号認定の子ども）が、保育所のほかに、直接契約施設・事業を利用する場合には、市町村が利用調整を行うこととされました（改正児童福祉法附則73条1項による同法24条3項の読み替え）。

　待機児童解消のためには、不足している保育所を整備・増設していくべきなのですが、新制度になっても、とくに都市部で、保育所が不足し、これまでと同様、希望する保育所に入れない待機児童が多数存在しています。そうすると、保護者の側としては、保育所以外の認定こども園や家庭的保育事業など直接契約施設・事業の利用を考えるしかなくなります。保育所のみならず直接契約施設・事業の利用を希望する場合も、すべて市町村に利用申込みをさせ、市町村が利用調整を行うしくみが設けられたのは、保育所利用を希望している保護者に、その利用を諦めさせ、認定こども園や家庭的保育事業などへ振り分ける役

割を、市町村に担わせようとする政策意図からと考えられます。

利用調整の流れとしては、保育の必要性の認定を受けた子どもの保護者が、市町村に、希望する施設名などを記載した利用希望先の申込みを行い（この申込みは、支給認定の申請と同時にできます）、市町村がすべての施設・事業の中から希望を踏まえ利用調整を行います。ついで、直接契約施設・事業の場合は、市町村が受入要請を行い、施設・事業者の入所・利用の応諾を経て、保護者と施設・事業者とが契約を結び利用となります（図表4）。具体的な利用調整は、市町村が、保育の必要性の認定の際に、申請者に指数（ひとり親世帯や生活保護世帯など優先利用も考慮）をつけ、第1希望の施設・事業者ごとに申込者を取りまとめ、指数が高い順に決定します。つまり、保育所のみならず直接契約施設・事業（者）についても、定員超過の場合は、市町村が、利用希望者の選考を行い、利用できる施設・事業者を決めて保護者に提示するわけです。

（図表4）新制度における保育を必要とする場合の利用手順（イメージ）

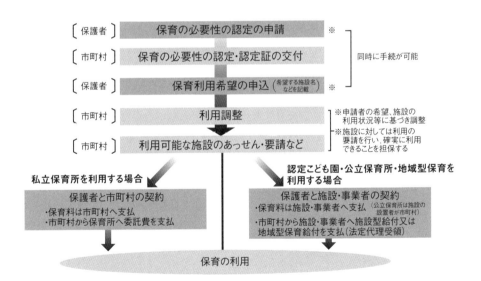

資料：内閣府「子ども・子育て支援新制度について」（2014年5月）

直接契約方式に反する市町村の利用調整

しかし、以上のような市町村の利用調整のしくみには問題があります。

法的には、市町村が行う利用調整は、利用可能な施設・事業者をあっせん・紹介するなどの行政指導（行政手続法２条６号）と解され、直接契約施設・事業を利用する場合は、そもそも市町村は契約当事者でなく、保護者との契約締結を強制することなどできないからです。市町村の利用調整が行政指導であれば、保護者の側も、それに従う義務はありません。

とはいえ、このように解すると、市町村が、保育所に入れない子どもたちを認定こども園などや家庭的保育事業などに振り分けることは事実上できなくなります。そのため、政府（内閣府と厚生労働省）は、前述のように、直接契約施設・事業者についても、申込みが定員を上回った場合の選考を、市町村が利用調整として行う形にすることで、利用調整を、行政指導ではなく、不服申立て（異議申立て）の対象となる「処分」（行政不服審査法２条１項）と解しています[注1]。

また、保護者が、市町村に利用申込みをせず、認定こども園などに直接利用申込みを行った場合には、施設・事業者の側が、利用申込みを拒否しても応諾義務違反に該当しないとされています（「自治体向けＦＡＱ・第５版」2014年12月）。つまり、保護者は、認定こども園など直接契約施設・事業の利用を希望する場合も、市町村への利用申込みを強制されるわけです。

こうなると、市町村の利用調整は、もはや新制度が基本とする直接契約方式を逸脱しているというほかありません。本来であれば、市町村への利用申込みなどについては、法律の明文の根拠が必要と考えます。法律の根拠規定もなく、通知や解釈で、こうした運用を行うのは、法律による行政の原理に反し、あまりに強引な制度運用ではないでしょうか。

何よりも、市町村にとって、保育所だけでなく直接契約施設・事業の利用申込みまでも受け付け、選考や振分けを含めた利用調整を行うことになり、事務の負担が過重になっています。そのためか、政府は、ここにきて、待機児童がいない地域については、幼稚園や認定こども園などの直接契約施設・事業者が

注1　厚生労働省の石井淳子雇用均等・児童家庭局長（当時）は「この利用手続きの中で、利用者が例えば自らの希望に沿わない調整結果になった場合、これは市町村に対してその調整結果について異議申立てを行うことが新制度上想定をされ、また可能と考えております。」との国会委員会答弁を行っています（『第183回国会参議院厚生労働委員会会議録』2013年３月21日）。

個別に園児の募集をかけ、選考を行うことを認めるようになってきています。

　　直接契約方式の転換を――今後の課題
　市町村の利用調整が法定化されたのは、ある意味で、市町村の保育責任の後退を危惧する声に押されたという側面があります。そこで、新制度でも、認定こども園や家庭的保育事業など直接契約施設・事業についても、市町村が責任をもって利用を保障することを強く求めていきましょう。そして、保育所以外の認定こども園などの利用についても、市町村が保育・教育の実施義務をもち、保育所と同水準の保育を受けることができるしくみに転換するよう要求していく運動が、将来的な運動として考えられます。

　また、障害を持つ子どもに対する療育は、すでに2010年の児童福祉法改正によって、給付費方式・直接契約方式に転換させられています（児童福祉法24条の2以下）。障害児の療育についても（障害児の療育こそ）市町村が実施義務を持つしくみに法改正していくべきです。

　保育関係者は、保育所だけ守られればよいという守りの姿勢では、やがて外堀を埋められ、給付費方式・直接契約方式の中に呑み込まれていくことを認識すべきでしょう。認定こども園や家庭的保育事業を利用しているすべての子どもが保育を受ける権利があることを確認し、すべての子どもの保育に、さらには障害児の療育に、市町村が責任を負うしくみへの転換を求める権利運動を模索していくべきと考えます。
　　　　　　　　　　　　　　　　　　　　　　　　　　　　（伊藤周平）

✓ここに注目

利用申込み・決定と市町村

　新制度は、前述したように、直接契約化を図るための「改革」であった。よって利用の申込みと契約、保育の実施については、施設・事業者と利用者が直接行うので、市町村がそこに介在することはないはずだった。ところが、新制度導入時の法案修正により、保育所については児童福祉法24条1項が復活し、これまでどおり市町村が申込みを受付け、市町村が入所先の決定を行い、市町村責任で保育が実施されることになった。

　一方、同法24条2項が適用となる保育所以外の施設・事業は、直接契約の

原則通りに手続きがなされるはずなのだが、政府は、24条1、2項に関して曖昧な説明を自治体関係者などにしている上に、新制度導入後は、保育所とその他の施設・事業を同列に扱い、保育所に限らず、当分の間すべての利用申込みを市町村が受付け、直接契約の施設・事業についても利用調整を行って、実質的に入所者を決定するとした。実施後の状況をみると、ほとんどの市町村でそのような対応がとられたようだ。ただし、1号認定の子どもについては、市町村を経ず幼稚園等が直接手続きを行い、保育を実施することになっている。

ではいつまでこうしたことがつづくのであろうか？

政府は、2014年8月以降、それまでと説明を変え、2つのパターンの利用手続きを示し始めている。

(図表5) 地方自治体職員向けQ＆A

Q1－1）児童福祉法第24条第1項は残ることになりますが、市町村の保育実施義務が後退することはないと考えてよいでしょうか。

児童福祉法第24条第1項に規定されている保育所での保育に関しては、新制度の下でも、引き続き、現在の制度と同様に、市町村が保育の実施義務を担うことにしました。

これにより、保護者が保育所での保育を希望する場合は、現在と同様、施設ではなく市町村に申し込み、保護者が市町村と契約して利用する仕組みになります。また、私立保育所に対しては、保育の実施義務を担う市町村から委託費が支払われ、保育料の徴収も市町村が行うこととします。

さらに、第24条第2項の中では、市町村は、保育所以外の保育（認定こども園や小規模保育など）についても必要な保育を確保するための措置を講じなければならないことにしました。

これに加えて、
①当分の間、待機児童の有無にかかわらず、すべての市町村で、保育所以外の保育（認定こども園や小規模保育など）を含めたすべての保育について市町村が利用調整を行う
②保育の利用を希望する保護者が、市町村の支援を受けても、なお利用が著しく困難である場合には、保育の措置を行うことができる
ことにするなど、市町村の保育に関する責任を更に明確にしました。

こうしたことにより、市町村の保育に関する責任が後退することはなく、保護者が安心して保育を利用できる仕組みになると考えています。

資料：内閣府等「子ども・子育て関連3法説明会」（2012年9月18日）より作成

パターン1は、市町村がすべての施設・事業類型を通じて利用調整を行う方法と説明されている。政府は、新制度導入にあたって、当初からこの方式での入所手続きを、市町村に当分の間として求めてきた。各保護者は、申請書に第1希望A保育所、第2希望B認定こども園などと記入し、市町村に提出するが、市町村では、すべてのそうした申請を受けつける。保育所のみならず、直接契約の施設や事業であろうと関わりなく、入所児の決定は、希望順位によらず、必要度（ポイント）の高い順に入所者を決めるとしている。

　パターン2は、直接契約である認定こども園及び地域型保育事業において、市町村が関わらず、それぞれの施設・事業者が利用募集をかけ、申込みを受け付け、選考を行うというものだ。新制度本来の手続きといえるが、それぞれ第1希望の保護者の中から利用調整を行い、保育の必要度の高い順に決定するとしている。

　パターン2の実施については、待機児童が過去3年間ゼロかそれに近い状況であることなどを要件にするとしているが、定員の余裕のある3歳以上児に部分的にこのパターン2を導入するなどの変則的な取扱いも提起されており、利用者にとっては非常にわかりにくい複雑なしくみが具体化されそうな状況だ。

　子どもの権利保障の立場で考えれば、市町村が行うという認定申請・利用申込みや利用調整について、①児童福祉法24条1項を基礎にして、保育所入所における市町村責任の追求を行うことがまず必要である。この点、内閣府等が行っている新制度の説明が、24条1項を意図的にと思えるほど無視した内容になっているので、（図表5）などを示しながら、行政と確認しあっていくことが求められている。

　その上で、②保育所以外の施設等についても、優先度の高い子どもが排除されることのないような利用調整等の運用を求めたいところである。よって、パターン1方式の維持が当面の課題といえるだろう。

　③さらに、24条1項による市町村の責任による保育という原則を、すべての保育に適用できるように、法改正を求めていくことも視野に入れるべきと考える。

(逆井直紀)

（2）多様な施設・事業に異なる基準

1 施設型給付と地域型保育給付

　ポイント

▶新制度の施設・事業は大きく施設型給付と地域型保育給付に区分される
▶小規模保育、家庭的保育なども市町村の認可事業として新制度に位置づいた
▶給付は利用者補助だが、私立保育所には委託費が支払われる

　就学前の子ども達が通う施設は、これまで幼稚園と保育所が中心でした。新制度ではこれらに加え、認定こども園を増やす、新たに小規模保育等を創設するなど、多様な施設・事業が整備されることになりました。

　子ども・子育て支援法に基づいて、それら施設・事業への財政支援のしくみとして、①施設型給付と、②地域型保育給付、が創設され、それぞれに多様な施設・事業が位置づきます。施設型給付及び地域型保育給付の額は、「内閣総理大臣が定める基準により算定した費用の額」（公定価格）から「政令で定める額を限度として市町村が定める額」（利用者負担額／保育料）を引いた額となります。

　施設型給付

　施設型給付には、認定こども園（幼保連携型・幼稚園型・保育所型・地方裁量型）、幼稚園が位置づきます。

　2006年に制度化された認定こども園は、教育機能と保育機能をもち、教育と保育を一体的に行う施設として、新制度においては児童福祉法24条2項に位置づけられています。事業者と保護者の直接契約に基づく施設です。従来の認定こども園では、文科省と厚労省の二つのルートでの事務手続きが必要でしたが、新制度では認定こども園のより一層の推進を意図して、煩雑な手続きを簡素化、内閣府が管轄する施設型給付に一本化されました。

　幼稚園は、3〜5歳の子どもが通う学校教育施設です。新制度の施設型給付の対象になることもできますが、子ども・子育て支援法の適用を受けずに、従

来どおり私学助成及び就園奨励費補助の対象施設として存続することもできます。認定こども園と同様に、事業者と保護者の直接契約に基づく施設です。

認定こども園と幼稚園は、市町村の教育・保育実施義務が法的にはない施設であり、児童の入所希望に十分に応えることができるのか不安があります。

国・地方の負担（補助）割合は、私立の場合、国が１／２、都道府県が１／４、市町村が１／４となっています。公立の場合、国・都道府県の負担はなく、市町村が１０／１０となっています（地方交付税措置による一般財源）。

施設型給付の額は、毎月１日の在籍児童数に応じて計算される月払い方式になっています。認定こども園と新制度に基づく幼稚園の場合は、施設自らが児童の保育料を徴収することになっているので、在籍児童の保育料を差し引いた額が支払われます。介護保険制度や障害者福祉制度では、実際に利用した日のみで計算する日払い方式になっていますが、風邪などで利用者が施設利用を休めば支給はなくなります。そうした制度では施設運営が不安定になるので、そのようなしくみは導入すべきでないとの保育関係者の運動で、月払い方式が維持されています。

私立保育所は委託費

保育所は、児童福祉法24条１項の市町村の保育実施義務に基づいて保育を提供する施設です。内閣府子ども・子育て本部が示している「子ども・子育て支援新制度の概要」（図表６）では施設型給付のなかに位置づけられていますが、「私立保育所については、児童福祉法24条により市町村が保育の実施義務を担うことに基づく措置として、委託費を支弁」するという説明がつけられています。

市町村から支払われる委託費は、保護者から施設が受け取る給付金（実際は市町村から法定代理受領となる）と違い、保育のためにしか使えないといった使途制限が継続されます。これは私たち保育関係者の運動で勝ち取った成果といえ、今後も保育施策の中心に据えていかなければいけないものです。

委託費の国・地方の負担（補助）割合は、前述の施設型給付と同じですが、従来の保育所運営費の負担割合と変更された点があります。政令市・中核市の場合、今までは都道府県負担がなく国１／２、政令市・中核市１／２でしたが、新制度では都道府県の１／４負担が発生し、政令市・中核市の負担割合は１／２

(図表６) 新制度の施設・事業の概要

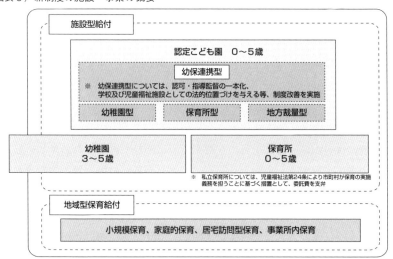

資料：内閣府子ども・子育て本部「子ども・子育て支援新制度の概要」2015年5月より作成

から１／４に減りました。地方交付税の調整で実際上、政令市・中核市への税収増額にはならないようですが、保育所運営費に確実に充てられる財源が都道府県から入ってくることになります。政令市・中核市において、保育所整備の推進をしやすくなったといえます。

　保育所に払われる委託費は、月払い方式として支払われますが、児童の保育料は従来通り市町村が徴収することになっており、保育料を差し引かずに支払われます。委託費であるにもかかわらず「給付費請求書」の提出を求める市町村があるようですが、給付金は前述したように保育料を差し引いた額として支払われる保育料の補助であり、委託費とは性格及び内容を異にします。「委託費請求書」として事務取り扱いすべきです。保育所は、児童福祉法24条１項に位置づけられていることをふまえ、24条２項に位置づけられている直接契約施設・事業と同列に扱ってはなりません。

　内閣府子ども・子育て本部によると、2015年４月１日現在の認定こども園数は、前年に比べ２倍強の2,836になったと発表されています。その内、保育所から移行したものが1,047か所あるとされています。約２万4,000か所存在している保育所のほんの一部が移行したに過ぎませんが、今後一層の拍車がかかる恐れのある認定こども園化は警戒すべきです。

地域型保育給付

　地域型保育給付には、家庭的保育（定員5人以下）、小規模保育（定員6～19人）、事業所内保育、居宅訪問型保育があります。これらは新制度で新たに市町村の認可事業となるもので、主に待機児童の多い0～2歳を対象にしています。これらも、児童福祉法24条2項に位置づけられており、事業者と保護者の直接契約になっています。

　家庭的保育は、保育ママなどと呼ばれてきたもので、保育者の家庭やマンションの一室を使用して行われるものです。自治体独自の事業として始まったものですが、2000年に国庫補助事業に、2010年には児童福祉法24条に位置づけられ保育所の補完的な役割を担ってきました。

　小規模保育は、ビルやマンションの一角等を使用して行われるもので、保育士資格者の配置比率等の違いによって、A・B・Cの3つの型に分かれます。新制度で新たに創設された事業です。

　事業所内保育は、病院など事業所職員のためのものですが、対象を地域の児童まで拡大すると、新制度に入ることができます。

　居宅訪問型保育は、保育を必要とする子どものいる家庭において行われるもので、ベビーシッターのようなものです。新制度で新たに創設されました。

　これら地域型保育は、設備投資が少なく容易に事業が開始できると期待されていますが、国が示している認可基準等は、現在の認可保育所を大きく下回っており、安心・安全な保育の確保ができるか懸念されます。

　国・地方の負担（補助）割合は、公私共通で、国が1／2、都道府県が1／4、市町村が1／4となっています。公立の場合でも国及び都道府県の負担が確実にあります。子どもの人口が減少しており、保育所の最低定員20人を下回るような地域については、地域型保育給付の活用も検討に値します。公立保育所の運営費（公定価格）は、地方交付税措置をされるものの一般財源であり、保育財源として使用されることが不確実ですが、地域型保育給付であれば安定的な財源確保ができます。

　地域型保育給付は、施設型給付と同じように月払い方式で、児童の保育料を差し引いた額が支払われます。しかし職員数が少ない地域型保育においては、給付金の請求はかなりの事務負担になりそうです。

（藤井伸生）

(2) 多様な施設・事業に異なる基準

2　小規模保育など地域型保育給付事業

□ ポイント

▶地域型保育給付は家庭的保育、小規模保育、事業所内保育、居宅訪問型保育の4事業
▶国、自治体に、基準・条件や公定価格の改善を求めよう

　地域型保育給付に位置づく事業は、児童福祉法24条2項では家庭的保育事業等と称される4事業（家庭的保育、小規模保育、事業所内保育、居宅訪問型保育）です。本事業は主として3歳未満を対象としており、待機児童対策の切り札として推奨されています。厚生労働省令として示された「家庭的保育事業等の設備及び運営に関する基準」（図表7）をふまえ、新制度の実施主体である市町村が基準等を条例化して運用することになっています。

　家庭的保育

　家庭的保育は、これまでは保育所の補完的な役割を担ってきましたが、新制度では、児童福祉法24条2項に規定され、公的保育の一形態としての位置づ

（図表7）家庭的保育事業等の設備及び運営に関する基準（厚生労働省令）及び公定価格

	家庭的保育	小規模保育			事業所内保育	居宅訪問型保育	保育所
		A型	B型	C型			
職員数	0〜2歳　3:1	0歳　　3:1 1・2歳 6:1 +1	0歳　　3:1 1・2歳 6:1 +1	0〜2歳　3:1	定員19名以下はA・B型と同じ	0〜2歳　1:1	
保育者	研修修了者	保育士	保育士 1/2以上	研修修了者	定員19名以下はA・B型と同じ	研修修了者	保育士
面積	1人3.3㎡	乳児室／ほふく室 1人3.3㎡ 保育室 1人1.98㎡	乳児室／ほふく室 1人3.3㎡ 保育室 1人1.98㎡	1人3.3㎡	定員19名以下はA・B型と同じ	—	
給食	外部搬入可	外部搬入可	外部搬入可	外部搬入可	外部搬入可		3歳未満自園調理
公定価格の例（月額）	159,910円	定員13〜19人 195,510円	定員13〜19人 165,270円	定員11〜15人 138,600円	195,510円 or 165,270円	438,030円	定員90人 165,380円 定員20人 217,050円

＊公定価格は10/100地域（千葉・京都市等）の保育標準時間認定・乳児における基本単価
資料：厚生労働省令「家庭的保育事業等の設備及び運営に関する基準」より作成

けを得ました。しかし、事業者と保護者の直接契約であり、認可保育所に比べて低い基準となっています。

保育者は、０～２歳児については３対１の配置基準ですが、保育士資格は必要とせず研修修了者で良いとなっています。給食は自園調理としていますが、連携施設（後述）等からの搬入を認めています。

市町村の条例では、保育者は研修を受けた保育士・保健師・看護師に限定（神戸市）、給食は自園調理（仙台・山形市）、などとしているところもあります。

小規模保育

新制度で新たに創設された小規模保育（定員６～19人）には、Ａ・Ｂ・Ｃの３類型があります。Ａ型は従来の保育所分園方式と同様の考え方で、基本的に認可保育所の基準が適用されます。Ｃ型は家庭的保育の複数ユニットで構成され、基本的に家庭的保育と同様の基準です（定員は２ユニット10名以下ですが、経過措置で５年間は15名以下となっている）。Ｂ型は、Ａ型とＣ型の中間的な基準を採用することになっています。

保育者の資格要件は、Ａ型は配置基準上すべてが保育士ですが、Ｂ型は配置基準上１／２が保育士であれば良く、Ｃ型については保育士資格者は必要とせず、研修修了者で良いとなっています。給食についても家庭的保育と同様に連携施設等からの搬入が容認されています。

市町村の条例では、小規模保育の整備は原則Ａ型を基本にするといった規制を設けたり（神戸市）、Ｂ型の保育士比率を３／４に引き上げたり（北九州・横須賀・岡山市）しているところもあります。

事業所内保育

事業所内保育は、保育の対象児を事業所内に限定せず、地域の児童も含めることで新制度に位置づけられます。定員19人以下の場合は、小規模保育Ａ型かＢ型の基準が、定員20人以上の場合は認可保育所基準が適用されます。

地域の児童を対象に加えるという条件で、既存の事業所内保育を活用して待機児童解消を図ろうとするものですが、事業所内保育所の形態はさまざまであり、簡単に新制度に移行するということにはならないようです。

居宅訪問型保育

居宅訪問型保育は、内閣府発行の『子ども・子育て支援新制度 なるほどBOOK』において、「障害、疾病などで個別のケアが必要な場合や施設がなくなった地域で保育を維持する場合などに、保護者の自宅で１対１で保育を行います」と説明されているように、昼間の保育が主として想定されています。しかしながら運営基準では、「母子家庭等の乳幼児の保護者が夜間及び深夜の勤務に従事する場合への対応」（37条４項）も本事業の対象となっています。夜間及び深夜に保育者が一人で保育することも想定されていますが、子どもの安全確保が不安です。なお、保育者について研修修了者で良いとなっています。

東京都世田谷区の条例では、保育者は区長が行う研修を修了した保育士・助産師・保健師・看護師で保育経験を必要とし、事業者要件として１年以上保育施設を運営している法人とする、となっています。

連携施設が必要

家庭的保育事業等は、主たる対象が３歳未満児であること、及び少人数保育であることから、集団保育体験など保育内容の支援、保育者の病気などによる代替保育、卒園後（３歳児以降）の受け皿など、これらの役割を担う連携施設の設定が運営基準において求められています。

連携施設の設置は必要な手立てではありますが、どちらにとってもかなりの負担が強いられ、確保は難航しています。そのため連携施設の設定については2019年度末まで５年間の経過措置がとられることになっています。なお、連携施設を設定しない場合は、公定価格上、減算されることになっています。

福岡市では、連携施設に関して経過措置を認めないとしています。

保育料の設定

国は、家庭的保育事業等の保育料について「施設・事業の種類を問わず同一の水準」とすると表明しました。しかし保育士配置基準が異なり、公定価格単価も異なるのに保育料が「同一の水準」というのは違和感があります。

実際の保育料は市町村が決めますが、認可保育所に比べ低い基準である本事業については、認可保育所より低い保育料を設定している自治体もあります。保育料は、基準を認可保育所と同等にした上で同一の水準とすべきです。

小規模保育等の改善課題

　児童福祉法1条2項では「すべて児童は、ひとしくその生活を保障され、愛護されなければならない」とうたわれています。家庭的保育事業等の基準は認可保育所に比べて低く、保育に格差が持ち込まれていますが、この点の是正が求められます。そして、市町村責任に基づく保育実施が明確となっている児童福祉法24条1項に、家庭的保育事業等も位置づける法改正が求められます。

　独立行政法人日本スポーツ振興センター法に規定されている災害共済給付については、2015年3月に同法の改正が実現し、家庭的保育事業等も同法の適用が受けられるようになりました。この点は、大きな前進です。

　残された課題を前述したこと以外について指摘します。

　研修のみで良いとする保育者に関して、短時間の研修等（30時間の研修と2日の見学実習）で取得できる「子育て支援員」を充当する考えが国から示されていますが、保育の質低下を招く由々しき事態といえます。保育士資格者は1／3で良いとする認可外保育施設での子どもの死亡事故率は、とても高くなっています。厚生労働省の発表によると、2014年1月から12月の間における死亡事故件数は、認可保育所で5件、認可外保育施設では12件となっています。定員から換算すると、認可外は認可の実に26倍におよぶ件数です。保育士資格者が少ないということが死亡事故率を高める要因となっているのです。

　認可保育所の面積基準でも求められてきたものですが、子ども1人当たり乳児では5.0㎡以上、1・2歳児で3.3㎡以上とすべきです。また、乳児の安全確保のため乳児専用のスペースを設けることが必要です。高層階の家庭的保育事業等の進出も予想されますが、子どもの安全を考えて建物は原則2階まで、それを超える場合は屋外避難階段の設置を義務づけるべきです。吊り天井の強化など耐震面での十分な対策規制を設けるべきです。屋外遊戯場に関しては、同一の敷地内に求めるとしながらも付近の代替地でも可となっていますが、屋外での遊びを豊かにしていくためには、園舎に隣接した遊戯場が必要です。

　家庭的保育事業等における保育条例や職員処遇の改善をはかる上で、認可保育所に比べて劣悪となっている公定価格の引き上げも不可欠です（図表7）。定員規模が少なくなれば公定価格単価を引き上げるというのが認可保育所における考え方であり、その適用が求められます。

（藤井伸生）

（2）多様な施設・事業に異なる基準

3　認定こども園とは

🔲 ポイント

▶総合こども園法が廃案になり、認定こども園法が改正された
▶幼保連携型認定こども園は、従来とはまったく内容が変わった
▶幼保連携型認定こども園の学校教育の強調は問題

認定こども園とは

　幼稚園、保育所の二元的制度は、戦前のそれぞれの起源、幼稚園＝富裕層に対する教育施設、保育所＝貧困層への救貧施策という区別を前提にしていました。一方で、乳幼児の人間的発達権としての「保育を受ける権利」の保障、児童福祉と幼児教育との高次な統一としての「幼保一元化」あるいは「保育への一元化」が主張されていました。これに対して、認定こども園制度は、子どもの発達保障の視点からではなく、少子化により定員割れをしている幼稚園に待機児童の受け入れをさせるといった、政府の地方財政改革や規制改革を目的とした幼稚園、保育所改革に端を発しています。2006年6月、「就学前の子どもに関する教育、保育等の総合的な提供の推進等に関する法律」（以下認定こども園法）が成立し、「認定こども園」は制度化されました。

　認定こども園は、幼稚園、保育所等が、都道府県知事の認定を受けて、小学校就学前の子どもに対する教育及び保育、ならびに、全ての子育て家庭を対象に子育て支援の総合的な提供を行うことを目的としていました。①幼稚園の場合は、幼稚園教育を行うほか、教育の終了後在籍している子どものうち、「保育に欠ける」子どもに対する保育を行うこと（幼稚園型）、②保育所等の場合は、「保育に欠ける」子どもに保育を行うほか、「保育に欠ける」子ども以外の満3歳以上の子どもを保育し、かつ、満3歳以上の子どもに対し学校教育法上の幼稚園の教育目的が達成されるよう保育を行うこと（保育所型、地方裁量型）、③幼稚園及び保育所等が一体的に設置されている、幼保連携施設の場合は、連携施設を構成する保育所等において、満3歳以上の子どもに学校教育法上の幼

稚園の教育目的が達成されるように保育を行い、かつ、当該保育を実施するに当たり、幼稚園との緊密な連携協力体制が確保されていること（幼保連携型）を要件とし、文部科学大臣と厚生労働大臣とが協議して定める施設及び運営に関する基準を参酌して定められる都道府県条例に適合している場合に、認定を受けることができました。

しかし、この認定こども園制度は、幼稚園教育と保育の区別を前提にしたものであり、例えば幼稚園については、付加的な条件整備なしに「保育に欠ける」子どもの保育を容認することや、認定される保育所等には、地域裁量型認定こども園として無認可保育施設が含まれること、保育所において「保育に欠ける」状態にない3歳以上の子どもを受けることになること、認定を受けた私立保育所と利用者とは、直接契約になることなどから、認定こども園制度は、児童福祉法で定められていた認可保育所を前提とした公的保育制度を突き崩すものであることが指摘されていました[注1]。

新制度の下での認定こども園

新制度にかかわる当初の国会提出法案では、幼保一体化、待機児童対策として、総合こども園が構想されていましたが、三党の修正協議において、総合こども園法案は撤回され、既存の認定こども園法の改正で対応することになりました。法案修正によって株式会社による学校教育の実施は避けられたものの、新設の「幼保連携型認定こども園」は、総合こども園の趣旨を引き継いだものになっています。

子ども・子育て支援法の下で、認定こども園は、保育所および幼稚園と並んで、子どものための教育・保育給付として、施設を利用した子どもに対し、施設型給付費が支給されます。支給の手続は、保護者は、受給資格および認定区分（子ども・子育て支援法19条1項1号〜3号）について市町村の認定を受け、さらに「保育の必要性」がある場合、「保育必要量」の認定を受けます（同法20条）。国の説明によれば、利用者と認定こども園の関係は、市町村の関与の下、自ら施設を選択し、保護者が施設と契約する公的契約とし、施設の利用申し込みがあった時は、正当な理由がある場合を除き、施設に応諾義務を課す

注1　杉山隆一・田村和之編『保育の理論と実践第4巻　保育所運営と法制度－その解説と活用』(2009) 新日本出版社　140頁〜144頁

とされます。

　改正認定こども園法における、認定こども園としての認定のしくみは、新たに創設された幼保連携型認定こども園を除いて、従来のものと基本構造を同じくしますが、若干の相違点もあります。

　認定こども園の類型は、従来の幼稚園型（幼稚園、保育機能施設が一体的に設置されているものを含む）、保育所型、地方裁量型に加え、新たな「認可」施設として幼保連携型認定こども園が創設されました。幼保連携型認定こども園以外の認定こども園の充実のため、都道府県の条例で定める要件を満たした施設について、その設置者が欠格事由に該当する場合、および、供給過剰による需給調整が必要な場合を除き、認定するものとすること、認定に当たっては、都道府県は、市町村に協議しなければならないものとすることとされました。

　また、改正認定こども園法の目的に、2006年の改正教育基本法において新設された幼児教育の条文（11条）を受け、「幼児期の教育及び保育が生涯にわたる人格形成の基礎を培う重要なものであること」の文言が挿入されています。改正された幼保連携型認定こども園以外の、認定こども園の施設の設備及び運営に関する基準でも、短時間利用児と長時間利用児という表現から、教育時間相当利用児と教育及び保育時間相当利用児という表現に変更されていること、3歳以上の子どもについては同一学年の子どもで編成される学級による集団活動が強調されていることから、保育とは区別された3歳以上の子どもに対する「教育」が強調されています。さらに、同法の主務大臣として、従来の文部科学大臣、厚生労働大臣に加え、内閣総理大臣が新たに規定されたことを考えると、就学前の子どもの発達保障の「教育」への傾倒および幼児教育・保育に対する時の政府による政治的な介入が危惧されます。

幼保連携型認定こども園の創設と他の認定こども園への影響

　新たに創設された「幼保連携型認定こども園」は、都道府県知事の「認可」によって、設置が認められる（改正認定こども園法17条）、新たなタイプの就学前の子どものための認可施設です。幼保連携型認定こども園は、義務教育及びその後の教育の基礎を培うものとしての満3歳以上の子どもに対する教育並びに保育を必要とする子どもに対する保育を一体的に行うとともに、保護者に対する子育ての支援を行うことを目的とすると定義され（同法2条7項）、「教

（図表８）認定こども園の概要

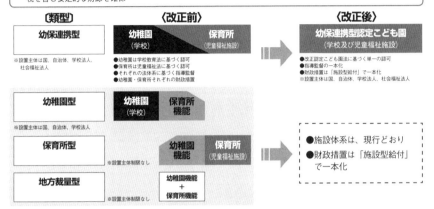

資料：内閣府子ども・子育て本部「子ども・子育て支援新制度について」（2015年7月）

育基本法上の」学校および児童福祉法上の児童福祉施設と位置づけられています（同法2条8項、9条）。この学校概念は、正式な学校体系を定めた学校教育法上の学校ではなく、改正認定こども法を根拠に、教育基本法6条1項に規定する「法律に定める学校」を創設したものであり、従来の学校体系とは異質なものです。学校教育法では、学校設置者を国、地方公共団体・学校法人に限定していますが、幼保連携型認定こども園は社会福祉法人まで拡大しています。

また、幼保連携型認定こども園の教育および保育の目標が、改正認定子ども園法上定められ（9条）、この目標に従い、教育課程その他の教育および保育の内容を主務大臣が定めます（10条）。他の類型の認定こども園の教育及び保育の内容についても、この幼保連携型認定こども園の教育課程その他の教育および保育内容を踏まえて行わなければならないとされています（6条）。

教育基本法改正以後、国は教育統制を強めています。「義務教育との接続」や「学校」化をてこに、就学前の子どもの教育・保育を統制しようとする意図が見られます。

幼保連携型認定こども園について、学校教育としての教育と保育を明確に区

別し、さらに、主務大臣が設定した教育・保育内容を設置者に遵守する義務を定めるなど（10条3項）、学校教育法よりも、国による教育内容統制が強化されている点に留意すべきです。幼保連携型認定こども園のあり方が、他の認定こども園全体を拘束する構造になっており、その目的である幼保一体化が乳幼児の豊かな発達保障のための条件整備となるよう、幼保連携型認定こども園の今後の動きを監視することが求められます。

（小泉広子）

✓ ここに注目

認定こども園を増やせばいいの？

　政府は、新制度において、認定こども園を増やすことに力を入れている。はたして、認定こども園を増やすことで、日本の保育問題の何が解消するというのであろうか？

　まず確認したいことは、政府は認定こども園を推奨してはいるが、保育所を認定こども園に移行させるような露骨なしくみが、新制度で作られているわけではないということである。

　新制度関連法の制定時に、自公民3党の政治的な合意によって、保育所・幼稚園からの移行は強制しないとされている。たしかに、一部例外を除いて、認定こども園の公定価格等の設定において優遇措置があるとはいいがたい。また、人口減少地域等で、市町村判断で保育所が1号認定を受け入れることなども認められており、この点からみても、新制度は認定こども園化を必至とするしくみとはいえない。

　にもかかわらず、保育所等の認定こども園化が制度的な要請と捉える自治体関係者は多いようだ。そうした判断の裏には、保育の充実という観点からではなく、もっぱら、施設を統廃合して財政効率をよくしたいとか、市町村が保育の実施責任を負う保育所を相対的に減らしたいといった思惑があり、その実現をはかるためには、新制度上求められているとしたほうが都合がいいのであろう。

　また、マスコミは、待機児童対策として認定こども園に期待をかけている。さらに、認定こども園では、教育が充実するとの意見もきくが、はたしてそう

した主張・評価は正しいのだろうか？

　待機児童対策として期待を寄せる意見だが、定員に空きのある幼稚園が、認定こども園になって3号認定を受ける3歳未満児を受け入れ保育をはじめれば効果はある。しかし、図表9をみてもわかるように認定こども園は、3号認定の定員設定を必須にしていない。低年齢児保育のノウハウのない幼稚園における低年齢児の受け入れは限定的であるともいわれている。

　では、教育の問題はどうだろう。

　幼稚園と保育所は、ともに幼い子どもを保育する施設である。これまで政府は、制度が二元化され対象の子どもは違うが、保育所も幼稚園も、幼児期の特性をふまえて、養護と教育を統一した保育をしていると説明してきたのである。保育所では教育がされていないと思っている方々も多いようだが、保育所においても3歳以上児については幼稚園と同等の機能を果たしていると、これまでも厚労省等は説明していたのである。

　にもかかわらず、認定こども園になると教育が充実するのであろうか？　前出の図表9にもあるように、2号認定の子どもがいれば幼保連携型認定こども園となることができる。保育所が定員構成を変えず、移行すればこの型の認定こども園になることができるのだ。施設種を変えたとたんに教育が充実するというのはおかしな話だ。

　たしかに、幼保連携型認定こども園の保育者は、幼稚園教諭・保育士の両方の資格をもつ保育教諭という名称になるが、既存の幼稚園・保育所の保育者の3／4は、すでに両資格を併有している。

（図表9）各施設・事業において認定可能な利用定員と認定区分との関係

	満3歳以上		満3歳未満
	①1号認定 (19条1項1号)	②2号認定 (19条1項2号)	③3号認定 (19条1項3号)
特定教育・保育施設（施設型給付）			
幼保連携型認定こども園	○（※1）	○	○（※1）
幼稚園型認定こども園	○	○	○（※1）
保育所型認定こども園	○	○	○（※1）
地方裁量型認定こども園	○	○	○（※1）
保育所	（※3）	○（※2）	○（※2）
幼稚園	○	（※3）	
特定地域型保育事業者（地域型保育給付）			
小規模保育	（※3）	（※3）	○
家庭的保育	（※3）	（※3）	○
居宅訪問型保育	（※3）	（※3）	○
事業所内保育	（※3）	（※3）	○（従業員枠・地域枠）

資料：子ども・子育て支援新制度説明会（2014年1月24日）

そもそも、条件が違う、認定こども園のほうが高いというなら、保育所でもその条件を整えるようにすればいい。認定こども園への移行を強制しないとした以上、幼稚園、保育所でも同じように保育を保障することが制度の基本のはずだ。めざすべきは、どの施設でも養護と教育を統一した幼児期にふさわしい保育を保障できるように、いかに制度を整備するかである。

　無論、地域状況などをふまえて、幼稚園・保育所の両方の対象児を一緒に保育する実践や施設があることは重要だ。しかし、それを機械的に増やすとなれば、異論は多い。幼保一元化を実現した欧州の国でも、制度や基準を一緒にしながら、幼稚園と保育所とがそれぞれの特性をもって存在している。

　さらに、欧州と異なって労働時間規制が緩く、結果的に保育所対象児の保育時間と、幼稚園対象児の保育時間が非常に異なる実態をふまえると、そうした子どもを同じ施設で一緒に保育することが、いつでもどこでも妥当と言えるのか、それぞれの子どもの権利保障の観点から検討することが求められている。実際には、幼稚園対象児が多い中に少数の保育所対象児を受け入れること（その逆もありえる）で、それぞれの子どもたちの要求や実態に対応しながら、同じ園児として一体感を持てるような保育を実施できるのかが問われており、保育者の実践上の悩みはつきないようだ。

　その上、保育所から認定こども園へ移行した場合、保育料徴収など事務量の増大におどろくようだ。保育の充実でなく事務処理に現場が奔走するようでは本末転倒といえる。

　さらに、認定こども園の数を増やせば一元化に近づくと思っている人も多いようだが、そんな単純なことでもないだろう。まずは、幼保一元化とはなにかといった根本的な問題について、理念とともにその具体像について、保育関係者のみならず国民的な合意を得る努力こそが必要と考える。

（逆井直紀）

（2）多様な施設・事業に異なる基準

4　幼稚園と新制度

> 📗 **ポイント**
>
> ▶幼稚園の新制度への移行は、都道府県によって格差がある
> ▶新制度上でも、幼稚園は例外的な対応が多い
> ▶新制度移行園でも、私学助成は一部存続
> ▶都市部では、幼稚園での2号認定子どもの受け入れも拡大か

　幼稚園は、私立園の場合、現行制度に残って、都道府県からの私学助成を受け、市町村による就園奨励費補助の対象となり続けるのか、新制度の枠内に入るかの選択をせまられました。新制度に入る場合についても、幼稚園のままか、認定こども園（幼保連携型か幼稚園型）に移行して、市町村から給付を受けるか、選択肢が示されています。

　学校法人立以外の幼稚園は、公費補助を受けるために、新制度に移行することになりました。一方、多くの学校法人立の幼稚園は、全体として情報が少ないため判断のしようがないと訴える園も多く、初年度は2割程度の移行にとどまったようですが、私立幼稚園を市町村に移管させるために、新制度への移行を強力に推し進めた県もあるようです。

移行園の財政

　新制度に移行した幼稚園は、その財政支援を給付のしくみによることになります。

　国が政令で定める費用（公定価格）から、国が定めた保育料総額（国基準保育料）を除いた部分の公費補償額について、国が1／2、都道府県1／4、市町村1／4ずつ負担することになるのですが、幼稚園が受け入れる1号認定の子どもについては、従来の私学助成が、都道府県ごとに相当に異なったレベルにあることを受けて、公定価格は複雑な構造になります。

　政府の説明では（図表10）、2015年度の私立幼稚園等の財政構造は、全国

（図表10）新制度における私立施設の1号認定の子どもの財政構造のイメージ

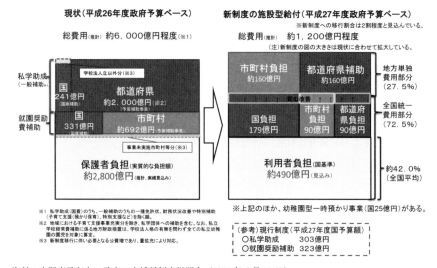

資料：内閣府子ども・子育て支援新制度説明会（2015年4月20日）
「私立幼稚園（教育標準時間認定子ども）に係る財政措置等について」

統一費用部分（72.5％）と地方単独費用部分（27.5％）の二階建てになります。全国統一費用部分は利用者負担（国基準）と公費負担（国、都道府県、市町村）で構成されます。全国統一費用部分の内訳を2015年度政府予算案でみると、負担割合が最も高いのは利用者負担で、約6割程度を負担することになります。残りを、国が1／2負担、都道府県、市町村はおのおの1／4負担となっています。

地方単独費用部分（27.5％）は、都道府県と市町村負担で折半することになっていますが、どの程度の設定にするかは自治体に委ねられています。よって、自治体間格差が生じることになります。

なお、新制度に移行しても障害児保育に関わる特別支援教育経費に関わる特別補助など、従来どおり私学助成を一部受け続けることが可能です。また、幼稚園の預かり保育は、従前通りの私学助成での対応に加え、新制度に移行した園については、新たに再編される一時預かり事業でも対応されることになります。

保育料負担

現行の幼稚園制度では、保護者の所得にかかわらず、保育料は園ごとに一律額が設定されていますが、新制度に移行した場合は、国の示す基準を上限に、保護者の所得に応じた保育料が市町村ごとに示されます。国基準額には、現行保育料の平均値に入園金を加えたものが、平準化されて月額設定されています。

市町村が定める保育料が、1号認定子どもの保育料の基本額ですが、園ごとに別途、上乗せ徴収(特定費用)や実費徴収が設定されるのが一般的なようです。また、通常公立幼稚園は、私立園より低い保育料を設定していましたが、新制度移行を機に、私立園並みにする自治体が多いようです。依然として公立園の保育料を低額のまま維持する例もあります。

保育の必要性のある子の受け入れ

幼稚園の場合、認定こども園化という選択肢もあります。しかし、新制度では、市町村が判断すれば、幼稚園のままで保育の必要性のある2号認定等の子どもを受け入れることも可能なしくみになっているので、わざわざ認定こども園化する必要はないという判断もあるようです。

実際、待機児童対策で0〜2歳を受け入れる地域型保育の各事業の整備をはかる場合、その卒園後の3歳児保育の受け皿が不足するので、幼稚園での受け入れに期待をかけている自治体もあるようです。しかし、大多数が1号認定の子どもの中に少数の2号認定の子どもを受け入れて、適正な保育環境が確保できるのか懸念されます。

幼稚園における預かり保育の実施が進んでいるといっても、その保育のあり方は多様です。しかし、フルタイムで就労している保護者をもつ子どもの毎日の保育、そして、幼稚園は休園している土曜日や長期休暇中の保育を、子どもにも保育者にも負担をかけることなく行えるのか、受け入れにあたっては、熟考が必要です。

(逆井直紀)

（3）保育の量と質の拡充

1　保育ニーズのとらえ方と事業計画の見直し

> 🔲 ポイント

▶市町村の事業計画の見直しをさせ、急場しのぎの計画からの脱却を！
　○3歳未満児保育の需要は今後も増加傾向
　○待機児童解消は認可保育所整備を基本に
　○保育所整備の交付金を受けるには整備計画策定がカギ

支援法と事業計画の策定

　新制度では、子ども・子育て支援法（以下　支援法）61条1項により市町村に「子ども・子育て支援事業計画」を策定することを義務付けています。事業計画は、5年を一期とするもので、教育・保育の供給に関わる計画と、地域子ども・子育て支援事業の需給計画の2つに大別されます。

　計画策定にあたっては、地理的条件・人口・交通事情などの社会的条件や保育所・幼稚園などの整備状況を総合的に勘案して「提供区域」ごとに「見込み量」（現在の利用状況＋利用希望）を定め、提供体制（確保の内容＋実施時期）を記載することが求められています（支援法61条2項）。

　「量の見込み」を、支援法19条第1項各号に基づく「1号、2号、3号」の認定区分ごとに算出した上で、その提供体制をいかに確保するかを明示することになります。提供体制は、1号は認定こども園か幼稚園、2号は認定こども園・保育所、3号は認定こども園・保育所に加え、地域型保育事業（小規模保育、家庭的保育、居宅訪問、事業所内）で確保することになります。提供体制を、施設や事業ごとに分けて計画化する例もありますが、大多数の市町村は、幼稚園・認定こども園・保育所を一括りにした「特定教育・保育施設」と、地域型保育の各事業を一括りにした「特定地域型保育」の2区分での総定員数を示して、提供体制としており、それで計画が具体化されるのか、非常に不明確な状況にあります。さらに、新制度に入らない幼稚園や、何らかの補助を出している認可外保育施設まで含めて、提供体制としている市町村まであります。

地域子ども・子育て支援事業についても、法定13事業〈①利用者支援、②地域子育て支援拠点事業、③一時預かり事業、④乳児家庭全戸訪問事業、⑤養育支援訪問事業、⑥ファミリー・サポート・センター事業、⑦子育て短期支援事業、⑧延長保育事業、⑨病児・病後児保育事業、⑩放課後児童健全育成事業、⑪妊婦健診、⑫実費徴収に係る補足給付事業、⑬民間事業者の参入促進のための事業〉ごとに見込み量を確定し確保方策を立案することになります。子ども・子育て支援事業については、13項目すべてについて確保体制を記載する必要はなく、市町村の判断に任せられています。

市町村は、「見込み量」の算出にあたり国が示した調査票のイメージにならった上で、独自の調査項目を加えたりしながら、対象年齢児をもつ家族を無作為に抽出し、質問紙調査を実施し集計したものをもとに需給計画を立てます。

実際の計画の特徴

提供体制は、一部の市町村を除いては、3号認定に関わる保育ニーズの増加には、地域型保育（小規模保育事業）の拡大で対応する市町村が多いようです。例えば、兵庫県西宮市では3歳未満の「見込み量」に対する提供体制の確保のために小規模保育事業を充てています。一方、大阪府八尾市のように地域型保育の確保量をゼロとしているところもあります。

鹿児島市のように、事業計画と並行して保育所整備計画を立てた例もあります。その計画では、①新設保育所の整備、②既存保育所等による定員増、③既存保育所による分園設置、④幼保連携型認定こども園の整備、⑤認可外保育施設の認可化、によって待機児童の解消をはかるとしています。

保育所等の新設には、施設整備費の国庫補助を活用することが重要です。新制度では、国は新たな交付金を創設しました。その補助を受けるには、新制度の事業計画とは別に、市町村が保育所等の整備計画を策定する（児童福祉法56条の4の2、3）ことが前提ですが、鹿児島市はそれを見越して準備していたと推測されます。

事業計画の問題点

事業計画の中心的な課題は、「見込み量」の算定と提供体制をどう確保するかにあります。残念ながら、「見込み量」の算定にも、提供体制の確保という

点からも問題があります。以下整理します。

1）「量の見込み」保育需要予測が妥当でない

　見込み量とは保育の需要予測量ですが、市町村は、国の指示により2013年半ばから2014年前半までに保育需要調査を実施しました。この調査による保育需要予測が妥当であったかどうかが問われます。この点でいえば、以下の問題点が指摘されています。

　①まず、算出された見込み量がきちんと実態調査を反映したものかということが問われます。見込み量を意図的に低く算出し、過少な需要予測を行った市町村がないとはいえないので、検証をして必要ならば数値の見直しをさせるべきでしょう。

　②今回の事業計画の見込み量算出の特徴は、調査時点における需要率が、2015年度から5年間は変わらないものとして1～3号の需要量を算出することにあります。

　潜在的需要を考慮する時に、果たして現時点での数値をもとにしていいのかという問題です。2013年に安倍内閣が提唱した待機児童解消加速化プランにもとづいて新制度は制度設計されていますが、このプランでは40万人分の受け皿を確保して、2017（平成29）年度末まで待機児童解消をめざすというものでした（新制度実施前の2013～2014年度で20万人、実施後2015～2017年度で20万人、の受入れ枠増）。果たしてこれで需要を満たせるのでしょうか？特に０～２歳児の保育需要は、長期的には上昇傾向にあります。

　わが国の乳幼児のいる母親の就業率をOECD加盟国の平均程度に引き上げると仮定すると、新たに120万人程度の保育の受け皿が必要になるとの意見もあります[注1]。

　この間の雇用状況や子育て環境、保護者の意識状況などと合わせて、保育需要の長期的な需要拡大傾向を考慮すると、計画策定にあたって前提にした需要率を不変とする考え方には違和感があります。

　また、地域状況の変化という点でも、保育需要は、「保育所の新増設による

注1　池本美香「幼児教育・保育分野への株式会社参入を考える」『JRIレビュー』2013　vol.4 No.5（日本総研）{末子3歳未満母親就業率の日本とOECD平均の差（21.6％）×3歳未満人口（3,158千人）} ＋ {末子3～5歳母親就業率の日本とOECD平均の差（16.4％）×3～5歳人口（3,206千人）} により算出。人口は2011年10月1日現在。池本は、OECD諸国平均まで女性の就業率が高まると仮定した場合、この数式から120万人の保育需要の増大の可能性を導き出している。

需要の喚起」、「マンションの新設による人口増加」や、「高齢化地域の拡大」「近隣の商業施設の撤退」など暮らしに係る社会資源の変化によっても変動します。その意味では、保育需要量は年度ごとに変化していくことを想定して保育需要量及び率を定める工夫が求められます。近年、地域開発は短期間でスピードをもって行われており、計画期間の5年間で地域は相当に変貌するといえます。

　また、先に示した保育需要の調査では、就労の状態＝フルタイム・パートタイム・就労日・育児休業など就労状況と、「現在保育所等を利用している」実態と「これから利用したい」という意向を組み合わせて需要率をだしていました。利用希望を含めて保育需要量を出しているところがポイントですが、あくまでその「利用希望」は、調査時点での回答者の判断にすぎません。

　子どもの年齢により就労希望が変化することは統計的に明らかですから、子どもの年齢による就労希望を加えることも必要でしょう。また、離婚によるシングルマザーから保育需要も生まれるので、その発生率も含め、就労だけでなく、社会的要因を踏まえた保育需要量予測が不可欠といえます。

　こうした点を踏まえると、今回の事業計画における見込み量の算出の前提条件から見直すことが求められているといえます。

2）子ども数の減少という問題

　日本全体では、就学前の子ども人口は減少し続けているので、極端な場合、保育の受け皿が不足している現状のままでも、時さえたてば待機児童はいなくなるという考え方すらでてきます。前出の国の待機児童解消加速化プランが2017（平成29）年に待機児童解消をはかれるという設定も、そうした人口減が織り込まれています。

　市町村の事業計画でも、ほとんどの自治体で需要のピークを2017年前後に設定しているようです。よって、その提供体制の整備は、保育所整備ではなく、撤収も容易な小規模保育等に依存しがちになるようです。

　これでは、この間の規制緩和による詰め込み保育を中心に進められた、急場しのぎのような待機児童対策の考え方が、そのまま引き継がれているといっても過言ではありません。

　まず、先にも示したように保育の需要が、国の設定どおりに留まるのかという問題があります。また、現在の保育所等の受け皿は、ぎりぎりまで行った定員拡大と超過入所の中で実現できたものであり、保育施設としては無理を重ね

た結果といえます。これを適正な状況に引き戻す（そのためには、定員どおりの受け入れで経営が成り立つような公定価格等の改善が不可欠です）、さらには、欧州先進国と比べ劣悪な保育士配置基準等の改善に着手すれば、保育の受け皿は余るどころか不足しはじめます。

　地域による差はありますが、状況を見極めながら、適切な保育環境による受け入れをめざすべきです。保育の質確保の視点を堅持しながら、保育所の新設の課題を正面に据えて事業計画を見直すことが求められているといえます。

　付け加えるならば、急場しのぎの発想が小規模保育等への依存につながることで、小規模保育等を卒園した3歳の受け皿不足の問題が早々に課題になることも見過ごせない問題です。

3）提供区域の設定の問題

　事業計画は、提供区域を設定して見込み量を踏まえて提供体制を確保することが基本でした。しかし、市町村によっては全市で一区域にしたりして、都市計画・地域開発・商業施設の状況などを考慮して提供区域を設定したところは少ないようです。地域による需給のバラツキがあるので、広域の区域設定を行えば、需給バランスはすぐに均衡するように見えてしまう恐れがあります。しかし実際は、例えば山間地の施設に空きがあっても、中心地の保護者が通えるはずもなく、需給バランスは見かけ上とれていても、待機児童が発生してしまうことになります。提供区域の広域化は提供体制の整備を遅らせることになるので、その点からの見直しが課題です。

4）希望を尊重する視点の欠落

　提供体制の確保に関わって、利用者の希望を無視する傾向は問題といえます。3号認定子どもの保護者は、条件・環境が整った施設で、一度入所したら転園することなく就学前まで保育を受けられる保育所への入所を希望している例が多いのです。そうした意向を無視し、小規模保育で対応すればそれでよしとする姿勢は、児童福祉法24条1項の市町村の責任を踏まえても問題です。1997年の児童福祉法改正以降、利用者の選択を尊重した保育行政を打ち出していた国の姿勢にも逆行するもので、早急な対応が求められます。

5）提供体制整備の具体性に欠ける問題

　さらに、計画行政を標榜する以上、提供体制の確保策を具体化することが求められています。しかし、どの施設をいつ設置するといったことを計画に明記

していない市町村が多々あります。予算化も含めて、今後その実現のための取り組みが求められています。

事業計画見直しの視点

2015年4月から実施された新制度は、量的拡大を中心に動いていくでしょう。しかし、初年度から待機児童は発生しています。育児休業取得を理由に上の子の保育を解除する動きもあります。

小規模保育事業等による拡大では、新たな課題として3歳児の保育確保の問題が出ています。保育を必要とする子どもの保育を受ける権利が保障されるよう、保育条件の整備が急速にすすむように事業計画を検討し、改善を要求すべきといえます。

事業計画は、一期5年の中間年で見直しすることになっているので、市町村の対応を改善させるためのチャンスと捉えて、積極的に働きかけましょう。その際の視点は以下のとおりです。

①子どもの保育条件の最適化の視点から認可定員を適正規模に改善し、かつ、待機児童が発生している場合には、保育所整備計画を立て、私立園については国庫補助を受けながら計画的に保育所の充実をはかること。
②2号、3号認定の子どもは、保育所で保育を受けることができるように条件整備（保育所の新増設・改築）などを進めること。
③小規模保育事業のB、C型は、早急にA型に移行させること。
④「見込み量」が実態に見合ったものであったか十分な検討を行い、必要なら「調査」を実施し、その結果に基づき提供体制をつくること。
⑤提供体制では「教育・保育施設」と「地域型保育」に分けて供給量を示しているが、内容を施設や事業を明確にして定員や整備時期を示すようにすること。
⑥育児休業取得中の上の子どもの保育継続が確実に保障できるように供給量を見直し、保育条件を整備すること。
⑦障害児の受入れ枠についても目標等を設定し、その拡充をはかること。
⑧提供区域単位で兄弟が同じ保育所を利用できるように、保育所の配置や整備を見直すこと。
⑨市町村によっては、都道府県事業計画に認定こども園の設置目標数が記載

されることから、事業計画見直しを機会に認定こども園への移行促進、または認定こども園の新設などを事業計画に盛り込むような指導・圧力が市町村にかかる可能性がある。認定こども園については、どんな変更があるのかも含め制度の理解が不十分な状況であり、その移行に関しては、住民の意向を問いながら、時間をかけて慎重に検討すること。

⑩中間見直しは、行政評価である。直接の関係者である保護者、保育者などを含めた人から構成される「評価・検討委員会」を設けて見直し作業を行うこと。その結果については広く市民の意見を聞くこと。

（杉山隆一・逆井直紀）

（3）保育の量と質の拡充

2　保育の質と保育士の処遇改善

🗋 ポイント

▶新制度では質の向上が担保されていない
▶専門職にふさわしい処遇改善で保育士不足の解消を
▶開所時間、日数などの実態をふまえた公定価格（保育費用）の改善を

新制度で保育の質の向上は可能か

　新制度は保育の「量拡大」とともに「質向上」を課題としており、当初0.7兆円の財源のうち0.3兆円を「質向上」に充てるとしていました。これでも質改善は不十分といわれてきました。しかし、その後、消費税の増税が先送りされたことで、新制度がスタートする2015年度の追加財源は0.51兆円（量拡大0.31兆円、質の向上0.21兆円）と説明されています。保育の質の改善を具体的にすすめることができるのか疑問視されています。

　保育の質を規定する要件には、保育内容、条件、環境、人間関係などさまざまな要素がありますが、保育の質の向上は、保育を支える職員の配置基準や職員処遇の改善を抜きには考えられません。保育士不足の最大の要因とも言われている、他職種と比べても極めて低い処遇は、新制度で改善されるのでしょうか。

専門職にふさわしい賃金水準を

　現在、保育士の所定内給与は21.0万円（全労働者平均は30.0万円）で全労働者平均に対して7割程度にしかなりません（図表11）。

　新制度の実施に先立って、国は2013年度から「保育士等処遇改善臨時特例事業」として、運営費とは別に「処遇改善」のための財源措置を実施しました。

　新制度ではまた、新たに保育士等が長く働くことができるよう、職員の平均勤続年数や、賃金改善・キャリアアップの取組に応じた加算を行うとして、それまでの民間施設給与等改善費を基礎にした処遇改善のしくみが作られました

（図表12）。これまでより加算率を3％上乗せするというものです。これは先に示した「臨時特例事業」を制度内に取り込んだものといえます。

処遇改善を恒常的なしくみとしたことは意味がありますが、先の臨時特例事業による加算が平均2.85％であったことをふまえると、新制度の実質の加算増分は0.15％にしかなりません。また、対象となる平均勤続年数が10年止まりであったのを1年のばして11年とし、11年目以降の加算率については一律4％としましたが、これとて不十分です。

図表12の下図は、社会的養護を担う民間児童養護施設等の職員の給与改善の概要を示したものですが、加算率は8％から最大25％まで、平均勤続年数も20年まで反映され、保育所等の職員と比較すると大きな差があります。保育所等の職員についても、ぜひこのレベルまで改善させることが求められます。

人件費単価を明らかにし、公定価格の改善を

新制度においては、国が定める公定価格（保育にかかる費用）に処遇改善分も含めた人件費が含まれています。

新制度の公定価格では、保育所の条件改善という点では、3歳児の配置基準改善以外は見るべき改善はありませんでした。

一方で、土曜日保育を含めて今まで以上に保育時間をのばすことが提起されています。職員処遇改善どころか、これまで以上に処遇が低下することが懸念されています。

保育の費用はその7割から8割を人件費が占めるといわれるほど、保育において保育者の果たす役割は重要であり、園内園外での研修などによって保育内容を常に向上させていくことが求められています。

保育の質の向上を担う人材を確保するためにも、公費の大幅投入によって保

（図表11）保育士の平均年齢、勤続年数および平均賃金

	平均年齢	勤続年数	所定内給与額
全産業	42.1歳	12.1年	299.6千円
保育士	34.8歳	7.6年	209.8千円
ホームヘルパー	44.7歳	5.6年	207.3千円
福祉施設介護職員	39.5歳	5.7年	207.8千円

※所定内給与額について、本文では四捨五入して万円単位で表記している。
資料：厚生労働省「2014年賃金構造基本統計調査」より作成

第2章 新制度を理解する－問題点と改善課題

(図表12) 処遇改善の状況

保育所等、処遇改善等加算のイメージ

○ 教育・保育の提供に携わる人材の確保及び資質の向上を図り、質の高い教育・保育を安定的に供給していくために、「長く働くことができる」職場を構築する必要がある。その構築のため、職員の平均勤続年数や、賃金改善・キャリアアップの取組に応じた人件費の加算を行うもの。
① 基本分は、職員1人当たり平均勤続年数に応じて加算率を設定。
② 賃金改善要件分は、賃金改善計画・実績報告を要件とした上で、賃金改善(基準年度からの改善)に確実に充てることが要件。
③ キャリアパス要件分は、役職や職務内容等に応じた賃金体系の設定、資質向上のための計画を策定し、当該計画に係る研修の実施又は研修機会の確保等が要件。

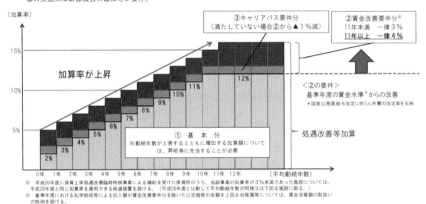

民間児童養護施設等の職員給与の改善

○児童入所施設措置費に計上：公費 46億円（国費 23億円）
○負担率：1／2
※ 等とは、児童自立支援施設、母子生活支援施設、乳児院、情緒障害児短期治療施設、ファミリーホーム、自立援助ホームを示す

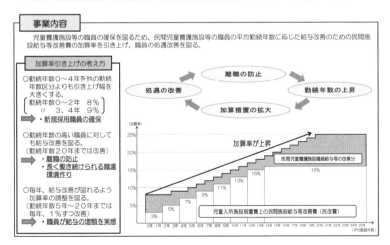

資料：(上) 内閣府「子ども・子育て支援新制度　自治体向け説明会」資料（2015年1月23日）
　　　(下) 厚生労働省「全国児童福祉主管課長会議説明」資料（2015年3月17日）

育者の正規雇用や専門職にふさわしい処遇の改善をすすめることが緊急の課題です。同時に、公費が保育のために公正に使われるよう、使途制限をかけるなど、公的規制と監督を強めていくことも必要です。

(実方伸子)

(3) 保育の量と質の拡充

3　保育者の資格と養成

ポイント

▶保育士・幼稚園教諭の資格併有促進のための措置を実施中
▶保育教諭は新しい資格ではない、幼保連携型認定こども園の保育者名である
▶新たに子育て支援員が制度化されるなかで、保育士の専門性を確立させることが課題

保育士・幼稚園教諭の資格

　保育士資格を取得するには、①厚生労働大臣が指定する保育士養成施設（専門学校、短期大学、大学）を卒業するか、②都道府県が実施する保育士試験に合格する、の二通りの方法があります。また、児童福祉法改正により、保育士資格を有する者が、保育士と称して業務を行うためには、2003年から都道府県への保育士登録が必要となっています。

　幼稚園教諭は、短期大学又は大学の教員養成課程により養成されます。幼稚園教諭普通免許状は、専修（大学院修了）、一種（大学卒）、二種（短大卒）があります。専修免許とは、修士の学位を有し、教科科目6単位、教職科目35単位、教科または教職科目34単位以上習得した者に与えられます。一種免許とは、学士の学位を有し、教科科目6単位、教職科目35単位、教科または教職科目10単位以上習得した者に与えられ、二種免許とは、準学士の称号を有し、教科科目4単位、教職科目27単位以上習得した者に与えられるものです。

　家庭的保育者は、子ども・子育て支援新制度（以下　新制度）において、家庭的保育事業等の担い手として、以下のように厚生労働省令に定められています。①市町村長が行う研修または市町村長が指定する都道府県知事その他の機関が行う研修を修了した保育士、②保育士と同等以上の知識及び経験を有すると市町村長が認めた者、③いずれも乳幼児の保育に専念できる者であること、です。また、家庭的保育者のもとで保育にあたる家庭的保育補助者については、市町村長が行う研修または市町村長が指定する都道府県知事その他の機関が行

う研修を修了した者であって、家庭的保育者を補助する者とされています。

　子育て支援員の創設

　家庭的保育者に加えて、安倍政権の下で「子育て支援員」制度が創設されます。この制度は、新制度で実施される小規模保育・家庭的保育・一時預かり・放課後児童クラブ・社会的養護等の支援の人材を確保するためのものです。子育て支援員は、育児経験のある主婦等を対象に全国共通の基本研修（8科目・8時間）を経て放課後児童コース・社会的養護コース・地域保育コース〈小規模保育事業（保育従事者）、家庭的保育事業（家庭的保育補助者）〉など・地域子育て支援コースに応じた研修を修了した者が認定され、小規模保育、家庭的保育、放課後児童健全育成事業などで働くこととされています（図表13）。

　保育者の資格と養成は、家庭的保育者や家庭的保育補助者及び子育て支援員まで含めると多様化しています。保育士の専門性があいまいとなり保育の質や、保育者の処遇の低下につながることが懸念されています。

　なお、同じような名称で、学童保育で働く放課後児童支援員という制度も発足しますが、この件については、本書109頁からの学童保育の項を参照してください。

〔図表13〕子育て支援員研修の体系

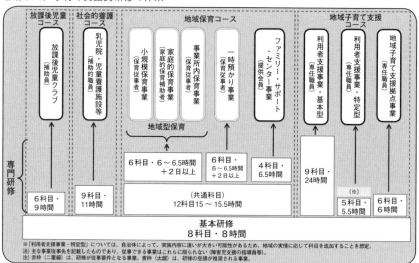

資料：子ども・子育て支援新制度説明会資料（2015年3月10日）

新制度と保育教諭

　新制度では、認定こども園法の改正により新たな幼保連携型認定こども園が創設されました。この幼保連携型認定こども園では、「園長および保育教諭」が必置とされました。保育教諭とは、幼稚園教諭の普通免許状と保育士資格(登録したもの)を併有した者をいいますが、これは新たな資格ではなく、幼保連携型認定こども園独自の職名にすぎません。

併有促進としての特例措置

　この保育教諭に関わって、特例措置が実施されています。1つは、改正認定こども園法によって施行後5年間は、幼稚園教諭免許または保育士資格のいずれかを有していれば保育教諭となることができます。2つは、経過措置期間中に、未取得のもう一方の資格をとりやすくする特例措置が実施されています。この特例は、2014年度から試験科目免除と単位修得が開始されますが、特例実施期間は、新制度施行後5年間と限定的です。

　併有のために決められた科目を短大・大学等で取得するための必要な費用は、基本的には本人負担です。保育教諭であれば、教員免許更新制の対象となり、10年単位で所定の研修を受講しなければなりません。この費用も本人負担が原則です。

　幼保連携型認定こども園の独自の職名にすぎない保育教諭が、今後の資格一元化や養成課程のあり方にどのような影響を与えるのか、動向を注視する必要があります。

(杉山隆一)

（4）新制度における保育と教育

1　新制度の「教育」「保育」をめぐって

□ ポイント

▶乳幼児期の教育はこれまでも、これからも、保育と言うべきである
▶「学校としての教育」と「それ以外の教育」を分けることなどできない
▶政府の「小学校との接続強化」は、子どもの自立心や協同性を損ねる恐れあり

　新制度はこれまでの保育界の共通理解とはかなり異なる内容の「教育」と「保育」の定義を掲げています。定義というと単なる字句上の問題に聞こえるかもしれませんが、子どもと保育の未来に関わる重大な問題が潜んでいます。

「学校としての教育」と「学校としての教育を除く教育」
　まず、教育は「満3歳以上の小学校就学前子どもに対して義務教育及びその後の教育の基礎を培うものとして教育基本法6条1項に規定する法律に定める学校においてなされる教育をいう」（子ども・子育て支援法7条2項）とされました。
　それに対して、保育所をはじめ、今回制度化された小規模保育事業（定員6人以上20人未満の保育事業）や家庭的保育事業は「保育」を行うところとされ、その保育は、「養護及び教育（39条の2第1項に規定する満3歳以上の幼児に対する教育を除く）を行うことをいう」（児童福祉法6条の3第7項）とされました。
　保育を定義した条文の（　）の中にある「39条の2第1項に規定する満3歳以上の幼児に対する教育」とは、子ども・子育て支援法7条2項で定義された「教育」をさしていますから、結局、「保育」は「養護と教育を行」っているが、その中で行われている「教育」は、支援法で定義された「学校における教育」を除いた「教育」――これを政府は「広い意味での教育」と名づけています――にすぎないということになります。

このような「教育」と「保育」の区別には問題があります。そもそも「学校としての教育」と「広い意味での教育」を区別することができるでしょうか。幼稚園でも保育所でも「子どもの発達保障」をめざして実践がなされ、そこでは人への基本的な信頼や生活習慣からはじまる幅広い人格の基礎的形成を通して、就学に向けての基礎的な力が伸長していきます。トータルな人間形成にむけた働きかけから、小学校以降の学習や成長につながる教育的働きかけだけを「とり除く」ことなどとうていできません。子どもに関わる実践はどのような名称であれ、等しく「子どもの最善の利益」をめざして行われなくてはなりません（「子どもの権利条約」）。

保育の論理を無視した法解釈

政府は、こうした定義は、学校教育法や児童福祉法など現行法の解釈から導き出されたものだと言います。まず、幼稚園は「教育」を目的とした施設であり、学校教育法に規定された「学校」であるから、「教育」は「学校における教育」となるだろう。それに対して、保育所は「保育に欠ける乳幼児を保護者の委託を受けて保育する」施設である（今回の改正前の児童福祉法39条）。であるから「保育」は、「個々の家庭に代わってなされるもの」であり、そこで行われる「保育の中の教育」は「家庭における教育の代わり」にすぎないのだと。

こうした「解釈」は二重の意味で問題です。第一に、幼稚園もまた、保育所と同じく「個々の家庭に代わって」子どもをみていると言えます。だけれども政府は、家庭でできない「学校における教育」がなされていると言います。それなら、保育所では家庭で経験できない集団生活や教育的活動を提供しているのですから、「保育」は「家庭での教育の肩代わり」にすぎないかのような定義はおかしいでしょう。

第二に、これまで厚生労働省自ら進めてきた政策や法解釈と矛盾しています。厚生労働省が策定した「保育所保育指針」は、保育所の目的が「子どものすこやかな発達を図る」ことであると明記し、その目的を達成するために「0歳から就学までを見通した」「体系的で組織的な保育課程」の作成を個々の保育所に義務付けています。

また、児童福祉法39条についての厚労省による解説書でも、保育所は「幼稚園と類似の機能」を果たしている、つまり教育的に幼稚園と変わるものでは

ないと言い続けてきました。

このように、「教育」を法律上の学校の独占物だとする政府の説明は、論理的にも法解釈としても説得力の乏しいものです。

強引な法律的定義の背景

これほど強引な形で「教育」「保育」を法律に定義したのは、実は、新制度によってまったく新たな制度として再発足した幼保連携型認定こども園にかかわるやっかいな問題があったためでした。

従来の幼保連携型認定こども園は認可を受けた幼稚園と認可を受けた保育所が連携したものでしたが、新制度においては、幼稚園でも保育所でもない、独立したひとつの制度とされました。しかし、「幼保連携型認定こども園」が幼稚園ではなくなったために、どうやって法律上の「学校」として認めるか、という問題が生じました。そこで政府は、改正「認定こども園法」の中に「学校」として認める条文を加えるという方法を採用しました。

「幼保連携型認定こども園は……満3歳以上の子どもに対する教育、並びに保育を必要とする子どもに対する保育を一体的に」行う施設としたすぐ後の条文に、「教育とは……法律に定める学校における教育を言う」という「教育」の定義を加えたのです。

幼保連携型認定こども園は「教育を行っているから学校」なのだ、なぜなら「教育とは学校で行われる教育をさすのだから」という、まったく妙な理屈なのですが、「教育とは学校における教育である」という内容のない条文を加えることで、かろうじて「学校」として認められることになったのです。それとの関係で、「学校以外の施設には教育はない」という規定が必要となり、「保育」は「学校としての教育をのぞく教育を行っている」という、現実からかけ離れた定義がされたのでした。

乳幼児期の教育はどのようなものであるべきか、という理念が先にあったのではありません。制度いじりのつじつまを合わせるためのお役所言葉──それが「教育」と「保育」との差別的扱いの理由だったとは嘆かわしい限りです。

政府が推進する「小学校準備のための教育」がめざすもの

そもそも、わが国では幼児期の「教育」と「保育」はほとんど同じ意味で使

われてきた言葉です。幼稚園の目的を定めた学校教育法第 22 条では「幼稚園は……幼児を保育し、適切な環境を与えて、その心身の発達を助長する」ことを目的とすると書かれています。この学校教育法制定（1947 年）に中心的役割を果たした倉橋惣三は、この条文を解説した論考の中で、幼稚園は「はっきりと教育を規定する学校教育法の中に入った教育事業」となったにもかかわらず、「何故『幼児を教育し』と（この条文に）書かないのか」との疑問に対して、幼児教育の対象は、「自らおのれを支えられぬ helpless な幼児である。誰かが世話しなければならない。だから多分にケヤーがはいってくるのである」「これは保育所に限らない。教育を目的として出発した時でも、幼児事業であるからにはケヤーを離れることはできぬ」と述べています。つまり、保育とは、養護が欠かせない乳幼児期の教育のことであるとはっきりと言っています。

　こうした歴史的に大切にされてきた「保育」という概念の豊かな意味内容を、「学校としての教育を除いた教育」と養護を行うことなどとわけのわからないものへと変えてしまったのが新制度です。その背景にあるのは、幼児期の教育の主目標を「小学校との接続」を強化することにおこうとする、わが国政府の「幼児教育」政策があります。

　文科省・調査研究協力者会議による「幼児期の教育と小学校の教育の円滑な接続の在り方について」（2010 年）は、幼稚園・保育所などは小学校での授業場面での学習にスムーズに適応できるようにするために「幼児期の終わりまでに育ってほしい幼児の姿を具体的にイメージして、日々の教育を行っていく」べきだと提言しています。

　そこに例示されている「育ってほしい幼児の姿」は、小学校での授業の場面を念頭においてイメージされた「育ち」――トラブルを起こさずに、先生の話に集中し、与えられた課題に率先して取り組む姿――を前面に押し出すものとなっています。たとえば、「自立心」の育ちとして第一に挙げられるのは、「生活の流れを予測したり、周囲の状況を感じたりして、自分がしなければならないことを自覚する」姿です。また、「協同性」の項でも最初に挙げられているのは「友だちの思いや考えを感じながら行動する」こと、その次には「相手に分かるように伝えたり、相手の気持ちを察して自分の思いの出し方を考えたり、我慢したり、気持ちを切り替えたりしながら、分かり合う」姿です。

　本来の自立や協同というのは、まずは自分の思いに基づいて行動し、自分の

気持ちを表現して伝えることから始まるものでしょう。

　このように、「自立」も「協同」も、子どもがその主人公であるというより、教師が起点となって活動している場面——つまり授業場面——にスムーズに適応する上で必要な力や姿をさすものに姿を変えてしまっています。これでは、幼児教育そのものの目標が、自ら進んで周囲や大人の期待に応えて振舞う子どもを育てることに変質してしまうのではないでしょうか。これでは、「指示待ち」「言われたことしかやらない」「表面的に相手に合わせて行動する」大人を育てることになってしまわないでしょうか。

　「学校としての教育」というと立派な中身を連想するかもしれませんが、看板だけではなにもわかりません。そして、今後の幼児教育政策の展開として予想されるのは、「幼児期の到達目標」を明らかにして「教育」を行うよう、政府が現場に求めてくるようになるということです。私たちのめざすべき子ども像をみんなで確認しながら進まなくてはなりません。

(大宮勇雄)

（4）新制度における保育と教育

2　「幼保連携型認定こども園教育・保育要領」をどう読むか

🔲 ポイント

▶幼稚園でも保育所でも認定こども園でも「養護と教育の一体性」原理は共通
▶養護は人間的結びつきを創るという点で、すぐれた教育に不可欠のもの
▶「教育・保育要領」は保育所保育指針の原理・内容を継承する必要がある

　新制度の実施とともに新たな幼保連携型認定こども園制度が発足し、それに伴い保育内容に関する国のガイドラインとして「幼保連携型認定こども園教育・保育要領」（以下「教育・保育要領」）が策定されました。これによって、わが国の保育内容に関する国のガイドラインは、「幼稚園教育要領」「保育所保育指針」に加えて三つになりました。

　そこで、これまでの「教育要領」「保育指針」と見比べながら、この「教育・保育要領」の特徴を明らかにしたいと思います。

　まず、全体の章構成を見ると「教育・保育要領」は「教育要領」と同じ３章構成で章のタイトルも似ています（図表14）。「教育要領」がベースとなって作られたことがわかります。その反面、「保育指針」の「第１章保育の原理」や「第２章子どもの発達」はカットされ、３歳未満児の保育に関する記述もかなり手薄になりました。

　その結果、保育指針が掲げた大切な保育の原則——「子どもの福祉の積極的増進」「高い専門性をもった職員による保育」「養護と教育の一体性」等——は削られてしまいました。

　なぜ、「保育指針」が掲げた保育の原理の多くを削除したのでしょう。その原因は、わが国の政府・保育政策当局が拠ってたつ「保育観」の「ゆがみ」にあります。

　たとえば、「教育・保育要領」の「第２章ねらい及び内容ならびに配慮事項」の冒頭部分にこう書かれています。「この章に示すねらい及び内容は、主として教育にかかわるねらい及び内容であり、保育の実施に当たっては、園児一人

一人の発達の過程やその連続性を踏まえ、この章の第1に示すねらい及び内容を柔軟に取り扱うとともに、この章の第2に示す保育の実施上の配慮事項を踏まえなければならない」。

「ねらいと内容」はもっぱら「教育」にかかわるもので、「保育」にはねらいや内容は明示しなくていい、配慮すべき事項を遵守すればよいというこの文章は、わが国の政府が「保育」やその中に含まれる「養護」に対して、子どもの育ちを守り促す点では消極的な意味しか見ていないことを示すものです。「教育」と「保育」は切り離され、「養護と教育との一体性」という視点もないので、こういう記述になってしまったのです。

そもそも、なぜ、養護と教育は一体でなければならないのでしょうか。わが国の幼児教育の理論的リーダーとして活躍した倉橋惣三は、幼児期の教育は、幼稚園であれ保育所であれ、「ケヤー（養護）が必要であり……保育することなしに教育することは出来ない」と書いています。養護とは子どもの生活面での世話のことです。その心身の健康や安心が確保されて始めて成長が可能になる、そういう意味で養護は教育の大前提です。

しかし、養護にはそれ以上に大切な教育的意味があると彼は言います。「教育と云う事、特に人間教育と云う事に欠くべからざる事は、教育者と教育を受ける者との人間的結びつきである」。そしてその「人間的結びつき」は実際に子どもの世話をする養護的かかわりの中で生まれるものだから、「養護なくして教育なし」といわねばならないのだと。

師弟愛、つまり人格的尊敬・信愛があるとき、その人はもっとも人間的に深く教育されるとよく言われますが、それは乳幼児にも当てはまるものです。「人間的結びつき」がある時、もっともよく教育されるとはどういうことか、一つの事例で説明します。

「初めて『ぽっくり』をして遊んだ。Ｓ君は遊び方の説明を行っているときから、待ちきれない様子だったが、自分の順番が来るまでいすに座って待つことができていた。順番が回ってくると、『やったー』と喜んでいた。Ｓ君は楽しくてなかなか交代ができないでいた。そこで、『お友だちも順番を待っているよ。お約束守れないと楽しくないよね』と声をかけると、友だちの方へ顔を向け『がんばれーってゆってぇ』と声をかけ、友だちや保育者に応援してもらいゴールへ戻って順番を代わることができた。」

(図表 14) 幼稚園教育要領・保育所保育指針・教育・保育要綱の構成

幼稚園教育要領 (2008年3月28日告示)	保育所保育指針 (2008年3月28日告示)	幼保連携型認定こども園教育・保育要領 (2014年4月30日告示)
第1章　総則 　第1　幼稚園教育の基本 　第2　教育課程の編成 　第3　教育課程にかかる教育時間の終了後等に行う教育活動など 第2章　ねらい及び内容(健康・人間関係・環境・言葉・表現の五領域に分けて「ねらい」「内容」「内容の取り扱い」が記述されている) 第3章　指導計画及び教育課程にかかる教育時間の終了後に行う教育活動などの留意事項 　第1　指導計画の作成に当たっての留意事項 　第2　教育課程にかかる教育時間の終了後に行う教育活動などの留意事項	第1章　総則 「保育所の役割」「保育の原理」「保育所の社会的責任」など 第2章　子どもの発達 　1　乳幼児期の発達の特性 　2　発達過程(「おおむね6ヶ月未満」～「おおむね7歳」に分けて記述) 第3章　保育の内容 　1　保育のねらい及び内容 　　(1)　養護にかかわるねらい及び内容 　　(2)　教育にかかわるねらい及び内容 　2　保育の実施上の配慮事項 第4章　保育の計画及び評価 　1　保育の計画 　　(1)　保育課程 　　(2)　指導計画 　　(3)　指導計画の作成上、特に留意すべき事項 　2　保育内容等の自己評価 第5章　健康及び安全 「子どもの健康支援」「環境及び衛生管理並びに安全管理」「食育の推進」など 第6章　保護者に対する支援 第7章　職員の資質向上	第1章　総則　幼保連携型認定こども園における教育及び保育の基本及び目標 　1　教育及び保育の基本 　2　教育及び保育の内容に関する全体的な計画の作成 　3　幼保連携型認定こども園として特に配慮すべき事項 第2章　ねらい及び内容並びに配慮事項 　第1　ねらい及び内容 　第2　保育に関する配慮事項 　第3　指導計画作成に当たって配慮すべき事項 　　1　一般的な配慮事項 　　2　特に配慮すべき事項

資料：幼稚園教育要領、保育所保育指針、教育・保育要綱の目次から作成

　2歳児クラスのS君、「一周したら交代」という先生の説明を聞いてはいたのでしょうが、楽しくて交代できません。注意されたとき、「がんばれー」って言ってくれたら交代できるよと自分から提案します。自分の要求と他者の要求を両立させるすばらしいアイディアで、自分で自分を律する一歩を踏み出したのです。この言葉には、先生と友だちのことが大好き、心から信頼しているという気持ちがあふれています。そして、保育の中で、何かあるごとにやさしく応援してくれ、何くれとなく気にかけてくれる保育者のかかわり――それが養護的かかわりです――が、この「がんばれーってゆってぇ」の原点です。

　倉橋が言う「人間的結びつき」とは、こういう関係のことをさしているのです。人間的な結びつきがあるとき、保育者の働きかけによって子どもは自分で自分の要求に向き合い、背伸びするかのように自立へと向かいます。これが「人間教育」です。その結びつきは、子どもの思いや願いに心を寄せる養護の中で確かなものになります。これが養護と教育の一体性原理の意味です。「教育・保育要領」はこの原理を明記していませんが、実践者たちがその胸に銘記し続けてきたこの原理に立脚して、わたしたちの実践は組み立てられねばなりません。

(大宮勇雄)

(4) 新制度における保育と教育

3　保育の中の教育とは──わたしたちがめざす保育をどう語るか

ポイント

▶幼児期の教育へも「成果主義的学力向上」政策が忍びこんでいる
▶一人ひとりの子どもにとって、「意味のある生活」を創るという視点で保育を語ろう
▶今こそめざすべき保育を、みんなで語り合うことが必要である

幼児期の教育の目標は就学準備なのか

新制度発足後の保育政策はどのように展開していくのでしょうか。
2015年5月に自由民主党がとりまとめた『幼児教育の振興について』と題する提言では、「質の高い幼児教育」の実現のためには、「今日の幼児の発達の状況や特性などを踏まえ、5歳までに身につけるべき内容（取り組むべき教育内容）についてあらためて検討した上で、とりわけ小学校以降における学びとの連続性を図る観点等から、5歳児を中心として取り組むべき教育内容をより明確化・具体化することについて幼稚園教育要領・保育所保育指針等の見直しを行い……内容の充実が図られるようにする」ことが必要だとしています。小学校での授業を通しての学習に「円滑に適応できる」子どもが育つよう、「5歳児が身につけるべき内容」を明確化・具体化する方向で、要領・指針の改定を行うべきだというのです。

幼児期の教育の主目標を「小学校との接続の強化」にすえ、「5歳児が身につけるべき内容」を明確に盛り込むべきだという方針は、すでに、2010年文科省・調査研究協力者会議の報告「幼児期の教育と小学校の教育の円滑な接続のあり方について」において提起されたものと同じです。「幼児の発達や学びの個人差に留意しつつ、幼児期の終わりまでに育ってほしい幼児の姿を具体的にイメージして、日々の教育を行っていく」べきだとしていました（その具体的な「育ってほしい姿」の内容及びその問題点については本書78頁「新制度の「教育」「保育」をめぐって」を参照してください）。

これらの提言に共通しているのは、幼児期の教育に対して就学準備という観点から、「明確な成果」をあげることを強く要求しているということです。「成果」といっても幼児期に知識の量やスキルの上達そのものを全員に求めるという方向でなく、大人が期待するようにすすんで行動したり、大人の要求に応えようと必死に努力したり、相手の意を汲んだ発言やコミュニケーションしたりする、そういう「自発的従順さ」を「成果としての育ち」として求める圧力が高まるのではないかと危惧されます。

子どもの視点から考える保育の目標

　こうした状況の中では、わたしたちがめざす保育を成果の面からとらえるのではなく、子どもたちがどんな子ども時代をおくる権利を持っているかという視点から——言葉を変えて言えば「子どもが世界に参加する経験の広がりと深まり」という視点から——保育をとらえることが重要になります。

　たとえば、「テ・ファリキ」というニュージーランドの保育指針は、保育の目標を、日々の保育における子どもの参加経験という視点から定義しています。そこでは、子どもに保障すべき参加とは、第一に「心地よい参加（心身ともに心地よい状態、好きなことに熱中できる）」、第二に「所属という参加（無条件に歓迎されていると実感できる）」、第三に「貢献という参加（仲間との協同の努力の中で何らかの存在感が感じられる）」、第四に「コミュニケーションという参加（自分の考えや気持ちを表現することで人とつながることができる）」、第五に「探究（環境を自分の手で探求することによってさらに学ぶことができる）」と定義されています。

　子どもは「能力の束」ではありません。生まれたときから子どもは、自分にとっての「意味」を生きています。その子にとって「意味」あることをすることが「参加」です。テ・ファリキは、こうした五つのタイプの参加を広げ深める中で、子どもが学び成長していくととらえています。「能力」を語るのではなく、子どもにとっての「意味ある生活」「参加の充実」を語ることが、わたしたちのめざす保育を明らかにする上で大切なのではないでしょうか。

（大宮勇雄）

（5）新制度の財政

1　新制度の財政のしくみ──財源とお金の流れ

📖 ポイント

- ▶新制度の保育への公費投入は給付制度が基本に
  - ○給付は、利用者への補助だが施設・事業者が代理受領する
  - ○使途規制がかけられないという大問題がある
- ▶保育所は、保育費用を委託費として受け取る
- ▶保育所整備には新たな交付金の活用を
- ▶新制度の財源は十分ではない、これからも拡充求めよう

　新制度は、保護者への給付が保育の財源

　これまでの保育所制度では、保育所を運営する経費は保育の実施主体である市町村が負担していました。保育所が私立の場合は、その経費が委託費として支払われました。

　それに対し新制度は、保育所以外については、保育を利用した保護者に給付という名の補助金を支払い、保護者はその補助金（給付費）と保育料を合わせたものを施設・事業者に支払うしくみです。実際は、施設・事業者が、保護者の代わりに給付費を市町村から受け取る（法定代理受領）ので、これまでの制度と同じようなお金の流れにみえますが、意味合いはまったく異なります。

　これまでの制度の場合、市町村が施設・事業者に支払う運営費は、委託費という性格上、事業目的である保育以外に使用することはできないという使途規制がかけられていました。新制度は、保護者への補助という形で給付費が支出され、事業者は提供した保育の対価（代金）として、保護者が支払う保育料とともに受領するので、公費でありながら使途の規制がかけにくくなっています。保育事業であげた収益を配当や他の事業の資金としたい営利企業等からの要請にこたえた制度といえます。介護保険でも同様のしくみが採用され、一気に企業参入がすすみました。

(図表15) 財政の図

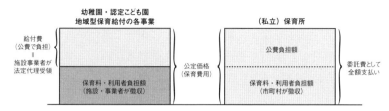

資料：内閣府「子ども・子育て支援新制度について」(2014年5月) より作成

給付費、公定価格と保育料

新制度の給付は、施設型給付と地域型保育給付に分けられます。施設型給付は、新制度に移行した幼稚園（給付型幼稚園といいます）、認定こども園を利用した保護者に、地域型保育給付は家庭的保育、小規模保育（A、B、C型）、居宅訪問型保育、事業所内保育の各事業を利用した保護者に支出されます。

給付費は、次節で解説する保育に係る費用額を指す公定価格から、利用者負担額＝保育料を差し引いた額になります（図表15）。認定こども園などの直接契約施設・事業者は、この給付金を受け取り（代理受領）、保護者から保育料を受け取ることで公定価格を確保し施設・事業を運営します。保育料の滞納があれば保育費用全額を確保できなくなり、その運営に支障が生じることになります。

なお、保育所は児童福祉法24条1項が復活し、市町村の保育実施責任が維持されました。その財源については、子ども・子育て支援法附則6条によって、私立保育所については、市町村が保育を委託し、保育費用（公定価格）相当額を委託費として受け取ります。保育料の徴収は、市町村が行いますので、保育所は徴収しません。

国と地方の財政負担

新制度では、給付費が公費負担の対象となります。国及び地方自治体の負担割合は、施設型給付と地域型保育給付では異なり、また施設・事業者の設置主体によっても異なります（図表16）。

施設型給付は、民間の主体が設置する場合は国が1／2、都道府県と市町村（政令市、中核市を含む）がそれぞれ1／4負担します。公立施設は100％市町村負担です（地方交付税措置あり）。地域型保育給付は、公私を問わず国が

1／2、都道府県と市町村（政令市、中核市を含む）がそれぞれ1／4負担です。ただし、幼稚園対象児と言いえる1号認定の子どもについては、私立幼稚園に対する私学助成制度が、都道府県ごとに相当な違いがあることを受けて、新制度に移行した場合の補助額の激変を避けるために、公定価格の設定とその負担割合に地域差が生じることになります。

これまでの補助金はどうなるか

これまでの保育所制度では、保育所運営費を基本としたうえで、延長保育などの事業を実施する場合に、補助金を保育所に支出してきました。

新制度では、これまでの補助金は一旦すべて廃止となりました。病児・病後児保育や一時預かり事業、延長保育事業などは、内容を見直して新たに地域子ども・子育て支援事業として対応しています。財源は、原則的には国からの交付金が充てられます。国と自治体の負担は、国1／3、都道府県1／3、市町村（政令市・中核市含む）1／3です。新制度の実施を機に、市町村の単独補助金を減額または廃止する自治体も現れています。市町村の単独補助金を維持することも保育の質を確保するために重要な課題です。

保育所の施設整備はどうなるか

新制度にともなう児童福祉法改正により、保育所等の施設整備のための国庫補助金が廃止されました。政府は、施設整備にかかる国庫補助金に代わって、公定価格に施設整備に関わる減価償却分を加算することを提案したのです。これは、国庫補助金を受け取れない営利企業に配慮した措置でしたが、それ

（図表16）新制度の国・地方の負担（補助）割合

		国	都道府県	市町村	備考
施設型給付	私立	1／2	1／4	1／4	（注）
	公立	—	—	10／10	
地域型保育給付（公私共通）		1／2	1／4	1／4	
地域子ども・子育て支援事業		1／3	1／3	1／3	妊婦健康診査、延長保育事業（公立分）のみ市町村10／10

資料：内閣府子ども・子育て本部「子ども・子育て支援新制度について」2015年4月

では、施設整備が事業者まかせになってしまい、施設の新設や更新も難しくなり、保育の質が低下するなど多くの批判が集中しました。

　その結果、補助を受けられない営利企業等のために公定価格の加算は残すものの、施設整備に関わる交付金も創設して、従来並みの国庫補助金を維持することになりました。加算か交付金か、どちらを受けるかは施設の選択になります。

　厚生労働省は、児童福祉法56条の４の３により施設整備のために「保育所等整備交付金交付要綱」を定めました。その対象は、保育所・幼保連携型認定こども園・認定こども園保育所機能部分・保育所分園で、新築のみならず増改築も対象です。設置主体は、学校法人、社会福祉法人等に限ります。交付金をうけるためには、市町村が策定する保育所等の整備計画に記載されることが必要になります

　文部科学省も、「認定こども園施設整備交付金実施要綱」を定めて施設整備事業を支援します。内容は、①認定こども園整備、②幼稚園耐震化整備です。

　これらの交付金は、予算の範囲内で補助する事業です。毎年度の予算によって施設整備の進捗に影響を及ぼします。国に対して引き続き予算の確保を要請し続けることと、市町村が策定した子ども・子育て支援事業計画に合わせて、あるいはその見直しをさせながら、具体的な保育所整備計画を策定させることが、施設整備をすすめる点から重要な課題です。

　幼稚園の財政はどうなるか

　幼稚園は、新制度に入るかどうかは施設が判断します。それによって財政のしくみも変わります。幼稚園の財政は、施設型給付費を受けない場合は従来通り私学助成による一般補助（経常費補助）と特別補助（特別支援教育や特色ある幼児教育等に対する補助）・幼稚園就園奨励費・保育料（入学金を含む）で構成されます。施設型給付を受ける幼稚園は、教育標準時間（４時間程度）に対応する施設型給付費を代理受領し、私学助成として特別補助を受け取ることができます。入学金は、月々の保育料に振り分けることになり、その名目で徴収することはできません。しかし、施設設備基盤費用などとして別途徴収は可能です。公立幼稚園は、地方自治体が100％負担します（地方交付税措置あり）。施設型給付など、新制度のしくみが、幼稚園運営の安定に寄与するかどうか不

透明です。

新制度の財源

新制度の財源は、政府の「社会保障と税の一体改革」の中で議論されました。政府は、新制度の追加財源として消費税増税分から0.7兆円を充てると説明してきました。2015年度予算では、子ども・子育て支援事業に0.51兆円が予算化されました。これで予定された「量の拡大」と「質の改善」を実施できると説明しています。0.51兆円には地方負担分が含まれていますので、0.51兆円全額が国予算として上乗せされるものではありません。

これまで政府は、先の0.7兆に加えて別途0.4兆円を調達するとし、全部で1.1兆円が新制度で必要としてきました。実際は、その半分の予算で新制度が発足したことになります。これは、新制度の財源的な裏付けが盤石とは言えず、脆弱であることを示しています。

自治体は、保育の充実や保育料軽減のために独自の財政措置をしていますが、今後の財政状況が見通せないなかで、各種の財政措置を後退させる可能性があります。

今後も財源の確保については、国のみならず自治体に対しても要求し続けることが必要です。

給付費の問題点と対応

前述したように、新制度の給付費は使途規制をかけるのがむずかしいので、事業者によっては、保育以外の目的に公費が使われてしまう恐れがあります。そうなれば、人件費や日常の保育に使うお金が削減されることになり、給付制度は保育士の処遇や保育の質の低下につながる可能性があります。

保育士の不足が社会問題となっています。保育士不足の原因に大変低い処遇があると指摘されています。給付制度を維持するのであれば、保育士処遇の大幅な改善のために使途を限定した補助金制度の創設も必要と考えます。

保育所における子どもの日常生活にかかわる教材費・食費・設備などの費用が低いことも常々指摘されていますが、新制度でも抜本的な改善ははかられませんでした。今後も、その改善を求め続けることが課題です。

（杉山隆一）

(5) 新制度の財政

2　保育の費用（公定価格）とは

> 🗔 ポイント
>
> ▶国基準の保育の費用（公定価格）の改善は、急務である
>   ○幼稚園対象の１号認定の子どもに適用される各種加算を、すべての子どもに平等に保障すること
>   ○保育時間の長さに応じた改善を
>   ○処遇のさらなる改善を

保育の費用（公定価格）の構成

　子どもの保育水準の向上を考えた場合、職員の配置基準などとともに、制度として保育の実施のためにどの程度お金を保障しているのか、その費用額をいかに充実させるかが課題といえます。

　国が定めた保育の費用額は、従前の保育所の場合保育単価としていましたが、新制度では公定価格といいます。それは、新制度の施設・事業において子どもが保育を受ける場合の子ども１人分の保育にかかる費用額（月額）で、国が単価を示したものです。

　公定価格は、基本分（人件費、事業費、管理費）と、加算分で成り立っています。

　人件費は、常勤職員給与（本俸、諸手当、社会保険料事業主負担金等）と非常勤職員給与（嘱託医、非常勤職員雇上費、年休代替要員費、研修代替要員費等）、管理費は、旅費、職員研修費、被服費、職員健康管理費、保健衛生費、補修費など、事業費は、子どもの処遇にかかわる一般生活費（給食材料費、保育材料費）などで構成されます。

　加算は、主任保育士専任加算、処遇改善等加算（職員の平均勤続年数・経験年数を踏まえた賃金改善やキャリアアップの取り組みに応じた加算）、３歳児配置改善加算（20：１を15：１にする人件費加算）、休日保育加算、減価償却費加算、小学校接続加算などです。

　公定価格は、施設型給付と地域型保育給付の各施設・事業ごとに設定されま

す。さらに、施設・事業所の所在地域の違いや、規模によって異なる額が設定されます。加えて、受け入れる子どもの状況、認定（1・2・3号）の区分や年齢により異なり、とくに2・3号認定の子どもは、保育の必要量（保育標準時間、保育短時間）の区分ごとに、異なる公定価格が設定されます。

保育所の場合は給食が必須なので、基本分に給食にかかわる経費が含まれています。幼稚園の場合は、給食を実施する場合に給食実施加算が付加されるといったように、非常に複雑な内容となっています。

なお、実際に施設等が受け取るのは、保育所については、保育の費用として公定価格額を、市町村からの委託費として受け取ります。認定こども園等の直接契約施設は、公定価格から保育料額を差し引いた給付額を、市町村から代理受領し、保育料を保護者から徴収してはじめて、保育の費用が満額確保できることになります。

新制度における保育の費用（公定価格）設定の特徴と課題

政府は、2014年5月には「公定価格の仮単価について」を公表し、その後、2015年2月に「新制度の公定価格（案）」を公表し、そのまま2015年度からの公定価格として決定されました。

以下、その内容と特徴を列記します。

1）財源は確保されているのか？

政府は、新制度の実施のために、従来の予算に加えて、消費税増税分からの追加財源として0.7兆円を確保するとしていました。

ところが、10％増税が先送りされたことから、どの程度の額が確保されるか心配されていました。政府は、2015（平成27）年度予算において0.51兆円を確保したとしています。それでも、仮単価額提示の際に示した「質の改善」事項をすべて実施すると説明していますが、今後その額を、新制度の対象事業の拡大にあわせて増やしていけるのかが、問われるところです。

この0.51兆円には、国負担分だけでなく地方自治体の負担分も含まれているので、純粋にこれまでの国予算額に0.51兆円が積み上がるわけではありません。また、保育の「量拡大」にも使われますし、公定価格とは別の地域子ども・子育て支援事業の財源にも使われるので、公定価格が従前よりどの程度改善されるといえるのか、財源的にもハッキリ言い切れる状況にはありません。

2）新制度で改善されたのか？

　政府の説明では、新制度で公定価格になることで、保育の費用の国基準額は、1割程度改善されたとしています。本当でしょうか？

　まず、公定価格をみているだけでは、評価はできないということです。保育所の場合、従前の延長保育補助の基本分や、この2年間出されていた職員の処遇改善臨時特例交付金が、公定価格に組み込まれました。このように、公定価格とは別に園の収入となる国庫補助金が、新制度に合わせて再編成されているので、仮に公定価格が政府のいうように改善されたとしても、園の収入総額が増えるかどうか、各施設での検証が必要です。

　自治体の単独補助金も同様です。新制度導入を機に、削減・廃止となれば公定価格が改善されても、運営に支障をきたす事態も生まれかねません。さらに、短時間認定の子どもの割合が多い施設では、従前より減額になることすら起こりえます。

（図表17）公定価格の基本分単価と主な加算の内容

内訳		幼稚園（1号認定）	保育所（2・3号認定）	認定こども園（1・2・3号認定）
基本	人件費	＊園長 ＊教諭（年齢別学級編制分含む）（教諭配置基準は4歳以上児は30：1、3歳児は20：1） ＊学校職員（事務職員） ＊非常勤職員（学校医、歯科医、薬剤師の嘱託等）雇上費 ＊教員のうち1人は主幹教諭として費用を算定 ＊全ての学級に専任の学級担任を配置するため、教諭（学級編制調整教諭）を1人加配（利用定員36人以上300人以下の施設） ＊非常勤講師を1人加配（利用定員35人以下及び121人以上）	＊保育士（保育士配置基準は4歳以上児30：1、3歳児20：1、1・2歳児6：1、0歳児3：1） ＊調理員2人（定員40人以下は1人、130人以上は3人（内1人は非常勤）） ＊非常勤職員（嘱託医、嘱託歯科医等）雇上費、事務職員1人（非常勤5日分） ＊研修代替要員費（年2日分） ＊保育士のうち1人は主任保育士として費用を算定 ＊休憩保育士を1人加配（定員90人以下は常勤、91人以上非常勤） ＊標準時間認定の場合は、常勤保育士1人及び非常勤保育士（3時間）1人を加配	＊園長 ＊保育教諭（年齢別学級編制分含む）（保育教諭配置基準は4歳以上児30：1、3歳児20：1、1・2歳児6：1、0歳児3：1） ＊調理員、学校職員（事務職員） ＊非常勤職員（学校医、歯科医、薬剤師の嘱託等）雇上費 ＊保育教諭のうち1人は主幹（主任）として費用を算定し、専任化のための代替要員を1人加配（共通） ＊非常勤講師を1人加配（利用定員35人以下及び121人以上）1号認定 ＊休憩保育士を1人加配（保育所と同じ、2号・3号） ＊標準時間認定の場合は、常勤保育士1人等（保育所と同じ、2号・3号）
	管理費	事務管理費、保健衛生費、減価償却費、補修費、苦情解決対策費等	事務管理費、保健衛生費、補修費、苦情解決対策費等	事務管理費、保健衛生費、補修費、苦情解決対策費等
	事業費	教材費等	給食材料費、保育材料費等	給食材料費（2号、3号認定）、教材費等
主な加算	主に人件費として	＊処遇改善等加算 ＊3歳児配置改善加算（15：1） ＊主幹教諭等専任化加算 ＊副園長、教頭配置加算 ＊チーム保育加配加算 ◎満3歳児の教諭配置加算（6：1） ＊子育て支援活動費加算 ◎給食実施加算（人件費分） ◎通園送迎加算　等 ◎印は1号認定のみで、2号認定にはないもの。	＊処遇改善等加算 ＊所長設置加算 ＊主任保育士専任加算 ＊3歳児配置改善加算（15：1） ＊事務職員雇上費加算 ＊入所児童処遇特別加算 ＊夜間保育加算 ＊休日保育加算　等	＊処遇改善等加算 ＊3歳児配置改善加算（15：1） ＊学級編制調整配加算（1号認定） ＊副園長、教頭配置加算（1号認定） ＊チーム保育加配加算 ◎給食実施加算（人件費分）（1号認定） ＊1号認定満3歳児の教諭配置加算（6：1） ＊夜間保育加算（2号、3号認定） ＊休日保育加算（2号、3号認定） ◎通園送迎加算（1号認定）　等
その他共通		☆療育支援加算、冷暖房費加算、☆施設機能強化推進加算、☆小学校接続加算、栄養管理加算、☆第三者評価受審加算等、（認定こども園の場合、☆印の加算額は幼稚園（1号認定）と保育所（2号・3号認定）で等分して計上）。		

資料：政府資料「公定価格の骨格について」（2015年2月）にもとづき村山祐一作成。

補助金などは、年度末になってはじめて額が確定することも多いので、年度途中の段階で、公定価格額だけをみて新制度下における施設の収入が従前より改善したと判断できるかは、微妙な状況にあるといえます。

　新制度への移行による改善とハッキリいえるのは、3歳児の保育者の配置基準の改善です。従来子ども20人に保育士1人で単価設定されていましたが、今後は15対1に改善した施設に加算が付加されます。これは保育所だけでなく、幼稚園の1号認定の子どもにも適用されます。

　また、新制度では、保育者の処遇改善を具体化するために、従前の保育所の民間施設給与等改善費を基礎にした処遇改善加算のしくみが作られました。

　その施設の職員の平均勤続年数に応じて、処遇改善費が加算されますが、従前に比べ3～4％加算率が上乗せされます。このしくみは、保育所だけでなく幼稚園等にも適用になります。ただし、保育所については、ほぼ同等の措置が臨時特例交付金として2年前から実施されてきたので、2015年度における改善点は実感できないでしょう。今後も改善をはかることが課題です。

3）さまざまな格差、長時間・低年齢児への配慮の薄さ

　公定価格の分析については、保育研究所の村山祐一さんが、くわしい研究を行っています[注1]。同じ条件（その他地域・90人定員・処遇改善加算率基礎分12％の場合）で、保育所の2号認定子どもと、幼稚園の1号認定子どもの公定価格を比較しています。4歳以上児の場合、平均的な加算項目を加えると、2号認定の短時間区分で4万4千円程度、標準時間区分で4万9千円程度ですが、1号認定の場合も4万4～9千円程度という状況です。1号認定は、保育時間が一日4～5時間、2号認定の場合は短時間8時間から標準時間11時間です。幼稚園が土曜日休園、長期休暇があることを加味すれば、これほど保育時間が異なるのに、公定価格額はほぼ同額ないし、保育所のほうが下回ることもありえるということは、どう考えても矛盾します。

　このような状況を生む要因は、第1に、保育時間の差を反映した単価設定になっていないということです。この問題を是正するには、保育時間の長さをふまえた単価の基本分の増をはかることが必要です。第2には、種々の加算が施設間で公平に設定されていないという問題です。（図表17）では、村山氏が公

注1　『保育白書』2015年版（保育研究所・全国保育団体連絡会編集　ひとなる書房発売）の同氏による「公定価格」に関する解説や、月刊『保育情報』2015年7月号以降の連載論文を参照されたい。

定価格の基本分と主な加算の内容を整理していますが、施設種や子どもの認定の違いによって適用される加算に差があることがわかります。たとえば幼稚園では、複数担当者による保育を促進するためにチーム保育加算がありますが、保育所にはありません。保育所でも当然に同様の加算を付けるべきです。

　こうしたことが是正されれば、長時間保育を担う保育所の保育士の処遇改善のみならず、その負担の軽減や、研修や会議の体制を確保することにつながります。

　また、小規模保育事業には、障害児保育加算（障害児を受け入れた場合に、特別な支援が必要な子ども2人に保育士等1人を加配するための費用）がありますが、保育所には障害児保育に直接かかわる加算が存在しません。これは保育所の障害児保育補助が一般財源化されたために、国の制度がなくなったことと関係しています。保育所における障害児保育を進めるためにも改善が必要です。

認定こども園における不可解な優遇措置

　公定価格では、不可解な優遇措置が明らかになりました。たとえば、保育所が認定こども園に移行した場合、新たに設定する1号認定の子どもの定員を15人程度設定すると割増単価となり、施設収入が飛躍的に増えるという問題です。

　定員90人の保育所が認定こども園になり、2号認定子ども15人分の定員を、1号認定の子どもに振り分けると、総定員を変えないのに、年間1～2千万円程度の増収になることがあきらかになりました[注2]。こうした単価になるのは、1号認定の子どもには、従来からの幼稚園の年齢別学級編成の考え方が適用されるからです。たとえば、3～5歳児で5人ずつの子どもがいれば、3学級編成となり担任として3人の幼稚園教諭配置を可能とする単価が支出されることになるのです。

　このことをもとに、認定こども園への移行を決断した保育所もあるようですが、しかし収入の多寡だけで移行を決断するのであれば、それは早計といえます。すでに飽和状態にある1号認定の子どもの需給関係を崩すものであり幼稚園等からの反発が予想され、このような単価は早晩見直しの対象になるでしょ

注2　詳細は内閣府資料「公定価格に係る調整課題について」（2015年1月23日）を参照のこと。

う。さらに実際問題として、地域で１号認定の子どもが確保できるのか等も考慮すべきでしょう。

より根本的には、１号認定の子どもの場合、年齢別学級編制の考え方が適用されるのに、保育所の２号認定の子どもは適用されないというのは、子どもの平等性からみて許容できない問題であり、早期の改善が求められます。

保育の費用の改善課題

保育の費用（公定価格）については、以下の点などをふまえて修正、改善を求めていく必要があると考えます。

①人件費の積算基礎を示し、１人あたりの人件費を提示するなど、公定価格を構成する各費目の内容と基礎単価を明らかにすること。

②職員の経験加算は、職場の平均年数ではなく１人ひとりの経験年数に基づいて加算することをはじめ、処遇改善の内容をより向上させること。

③加算項目については、各施設・事業に平等に適用すること。特に１号認定の子どもに適用される年齢別学級編成に関わる項目の対象を拡げること。

④２号・３号認定の子どもについては、保育時間の長さを適正に評価して、どの時間帯でも充実した保育が可能となるよう単価を改善すること。

土曜日保育については、通常保育ではなく別途加算の対象とすること。

⑤改善がなかった低年齢児保育の単価を抜本的に改善すること。

⑥認定こども園は、施設の総定員に基づいて単価設定すること。

⑦食育を重視する観点からも、３歳以上の主食費分は公定価格基本分に組み入れること。

⑧保育の質の改善のために保育材料費を大幅に改善すること。

⑨新制度移行による事務負担増を考慮して、事務職員雇上費の改善、事務職員の常勤化をはかること。

（杉山隆一）

(5) 新制度の財政

3　保育料のしくみと考え方

ポイント

▶新制度でも保育料負担はこれまでの高い水準のまま維持されている
▶新制度の影響は、これからでてくる
▶施設や認定の違いによって多様な負担状況があり、平等性の観点から問題がある
▶保育料以外の上乗せ・実費徴収の拡大を許さない
▶世界的にみても、高額な負担をいかに軽減させるかが課題

保育料のしくみ

　政府は、新制度における保育料について、認定区分（1号認定—3歳以上で保育の必要性なし、2号認定—3歳以上で保育の必要性あり・保育標準時間か保育短時間の区分、3号認定—3歳未満で保育の必要性あり・保育標準時間か保育短時間の区分）及び子どもの年齢ごとに、保護者の所得に応じて保育料負担を設定し、これを上限に、市町村が独自に保育料を設定すると説明しています。2015年4月に政府が示した利用者負担の上限基準が（図表18）です。

　これまでの制度では、保育料は世帯の所得と年齢に応じて段階的に設定されていましたが、新制度ではそれに加えて保育必要量の要素が新たに加わり複雑になっています。

　また、これまでの制度では、保育所の保育料は市町村が徴収し、私立の幼稚園や認定こども園は施設が徴収していました。

　新制度では、保育所を除いた施設・地域型保育の各事業は、施設・事業者が保護者から徴収します。

　保育所以外の私立の施設・事業者は、直接契約によって保育を提供することになるので、本来なら、各施設等が自由に保育料を定め、徴収します。ところが政府は、冒頭で示したように、市町村が定める額を、各施設が保育料として徴収すると説明しています（子ども・子育て支援法や内閣府令がその根拠とさ

れていますが、法的には異論のあるところです)[注1]。

一方、市町村の保育実施責任が残った私立保育所は、これまでと同様、市町村が保育料を徴収します。その額も、市町村がこれまで同様、条例または規則で規定することになります[注2]。

公立保育所の保育料は、地方自治法上の使用料にあたります。したがってその額は条例によって定められます。私立保育所の保育料が段階的になるので公立保育所分もバランスをとって、同じ規定になるでしょう。

新制度に入らない幼稚園の場合はこれまでどおりです。私立幼稚園は、園ごとに一律の額が設定され、市町村による就園奨励費の対象になります。

新制度に入る給付型の幼稚園は、保育所以外の認定こども園、小規模保育事業等の直接契約施設と同じ取り扱いとなります。

公立の幼稚園や認定こども園等は、公の施設なので、その保育料は公立保育所と同様の扱いになります。ただし、これまでの公立幼稚園は、私立幼稚園に比べ、低額の保育料設定がされてきたので、市町村の判断で、国の設定額に関わらず独自に保育料を定めることも可であると、政府は説明しています。この点は複雑で、政府は、公立幼稚園はすべて新制度に移行するものだとしていましたが、中には、新制度に移行させず、現状のしくみと保育料規定を維持することで、私立園の保育料と比べ低額の保育料を維持する自治体もでてきており、状況は多様といえます。

保育料は上がる？下がる？

前出の国の基準額は、政府によれば、これまでの負担水準を維持しているといいます。

また、これまでの保育料は、基本的には保育時間による差は設定されていませんでした。新制度では、2・3号認定の子どもについて、標準時間と短時間の認定の違いによって差をつけた保育料が設定されます。

1号認定の幼稚園対象児については、これまでの均一額でなく応能的な額に

注1　子ども・子育て支援法27条3項は、(①国が定める保育の公定価格) ―(②市町村が定める額)＝③施設・事業者が代理受領する給付額)という財政上の計算式にすぎない。また、内閣府令「特定教育・保育施設及び特定地域型保育事業の運営に関する基準」13条1項では、支援法条文の計算式の②が、利用者負担であり、施設等はそれらを保護者から受け取ると規定しているだけなので、政府説明の根拠と言えるのか大いに疑問である。

注2　子ども・子育て支援法附則6条4項による。

なります。入園金の月割り額を含めた実際の負担額と就園奨励費補助による軽減額をふまえて設定がされています。よって、園としては入園金という名目で別途徴収はできなくなります。

　新制度では、世帯所得を把握するために所得税から市町村民税により階層を認定することになります。この変更にともなって、所得は同じなのに保育料が変わる家庭も出るでしょう。また、市町村民税額の確定が６月になるので、保育料額の切り替えは９月になされることになります。８月以前は前年度分の税額、９月以降はその年度の税額によって保育料額が設定されるようです。
　この変更の際に、2011（平成23）年度の「子ども手当」創設にともなう年少扶養控除と特定扶養控除の上乗せ廃止による影響を抑制する措置が、継続されるかどうかが注目されています。国は、基本的には軽減措置は継続しないとしていますが、新制度導入前後に継続入所している子どもに限っては、市町村の判断により継続することもできる、としています。市町村の対応いかんで、保育料が上がる家庭が増加するので、市町村への継続要請と合わせて、国に改善を求める必要があります。

（図表18-1）教育標準時間認定を受けた子どもの利用者負担のイメージ（月額）

階層区分	推定年収	現行の保育料
①生活保護世帯	—	0円
②市町村民税 非課税世帯 （市町村民税所得割 非課税世帯含む）	〜270万円	9,100円
③市町村民税 所得割課税額 77,100円以下	〜360万円	16,100円
④市町村民税 所得割課税額 211,200円以下	〜680万円	20,500円
⑤市町村民税 所得割課税額 211,201円以上	680万円〜	25,700円

※②〜⑤：第１階層を除き、前年度分の市町村民税の区分が右の区分に該当する世帯。
※現行の保育料：実際の保育料等の平均値から幼稚園就園奨励費補助の単価を差し引いたもの。

階層区分	利用者負担
①生活保護世帯	0円
②市町村民税 非課税世帯 （市町村民税所得割 非課税世帯含む）	3,000円
③市町村民税 所得割課税額 77,100円以下	16,100円
④市町村民税 所得割課税額 211,200円以下	20,500円
⑤市町村民税 所得割課税額 211,201円以上	25,700円

※①〜⑤：現行の階層区分を基本として市町村民税額を基に階層区分を設定。
※ ただし、給付単価を限度とする。
※ なお、現在、市町村が定める利用者負担額よりも低い保育料を設定している幼稚園については、新制度への円滑な移行の観点から、一定の要件の下で経過措置を講ずる。

(図表 18-2) 保育認定を受けた子ども（満 3 歳以上）の利用者負担のイメージ（月額）

階層区分	推定年収	現行の費用徴収基準
①生活保護世帯	—	0 円
②市町村民税非課税世帯	～260 万円	6,000 円
③市町村民税課税世帯	～330 万円	16,500 円
④所得税額40,000 円未満	～470 万円	27,000 円
⑤所得税額103,000 円未満	～640 万円	41,500 円
⑥所得税額413,000 円未満	～930 万円	58,000 円
⑦所得税額734,000 円未満	～1130 万円	77,000 円
⑧所得税額734,000 円以上	1130 万円～	101,000 円

階層区分	利用者負担	
	保育標準時間	保育短時間
①生活保護世帯	0 円	0 円
②市町村民税非課税世帯	6,000 円	6,000 円
③市町村民税課税世帯（所得税非課税世帯）	16,500 円	16,300 円
④所得割課税額97,000 円未満	27,000 円	26,600 円
⑤所得割課税額169,000 円未満	41,500 円	40,900 円
⑥所得割課税額301,000 円未満	58,000 円	57,100 円
⑦所得割課税額397,000 円未満	77,000 円	75,800 円
⑧所得割課税額397,000 円以上	101,000 円	99,400 円

②～③：第 1 階層及び第 4～第 8 階層を除き、前年度分の市町村民税の区分が右の区分に該当する世帯
④～⑧：第 1 階層を除き、前年分の所得税課税世帯であって、その所得税の区分が右の区分に該当する世帯
※ただし、保育単価を限度とする。

※ ①～⑧：現行の階層区分を基本として市町村民税額を基に階層区分を設定。
※ ただし、給付単価を限度とする。

(図表 18-3) 保育認定を受けた子ども（満 3 歳未満）の利用者負担のイメージ（月額）

階層区分	推定年収	現行の費用徴収基準
①生活保護世帯	—	0 円
②市町村民税非課税世帯	～260 万円	9,000 円
③市町村民税課税世帯	～330 万円	19,500 円
④所得税額40,000 円未満	～470 万円	30,000 円
⑤所得税額103,000 円未満	～640 万円	44,500 円
⑥所得税額413,000 円未満	～930 万円	61,000 円
⑦所得税額734,000 円未満	～1130 万円	80,000 円
⑧所得税額734,000 円以上	1130 万円～	104,000 円

階層区分	利用者負担	
	保育標準時間	保育短時間
①生活保護世帯	0 円	0 円
②市町村民税非課税世帯	9,000 円	9,000 円
③市町村民税課税世帯（所得税非課税世帯）	19,500 円	19,300 円
④所得割課税額97,000 円未満	30,000 円	29,600 円
⑤所得割課税額169,000 円未満	44,500 円	43,900 円
⑥所得割課税額301,000 円未満	61,000 円	60,100 円
⑦所得割課税額397,000 円未満	80,000 円	78,800 円
⑧所得割課税額397,000 円以上	104,000 円	102,400 円

＊注は、（図表 18-2）と同じ。

資料：内閣府「子ども・子育て支援新制度について」（2014 年 5 月）と、内閣府子ども・子育て本部「子ども・子育て支援新制度について」（2015 年 4 月）をもとに作成

なお、市町村が国の設定額より保育料を引き下げるには、独自の財政措置が不可欠であり、その確保が十分にできなければ、当然、保育料は国の設定額に近づくことになります。

保育料以外の徴収と、負担の不公平問題

　新制度では、市町村が保育料額を決定すると説明されていますが、施設・事業者による特定負担（上乗せ徴収）や実費徴収が認められています。その徴収は、保護者同意を前提としていますが、保育料以外の負担がこれまで以上に増加する恐れがあります。保育所については、その徴収にあたって市町村の同意が必要とされています。

　本来、保育に必要とされる費用は公定価格の中に含まれるべきであり、その他の徴収が無限定に拡がることは望ましくありません。貧困問題が深刻化する中にあって、保育を必要とするすべての子どもに保育を保障する観点から、保育料問題は論じられなければならない重要な論点です。

　なお、実費徴収に関わっては、地域子ども・子育て支援事業として法定化された13事業の中に、実費徴収に係る補足給付事業が位置づけられました。今後、義務教育段階の就学援助事業と同様に、その内容を拡充することも課題といえます。

　本書93頁「保育の費用（公定価格）とは」の項で説明したように、同じような条件で保育所・幼稚園・認定こども園の公定価格を比較した場合、保育時間には相当の開きがあるのに、3歳以上児の公定価格はほぼ同じ額（約4～6万円程度）です。ところが、1号認定の保育料は最高で2万5千円程度であるのに、2号認定の保育料は、最高額で10万円前後です。実際は、当該児の公定価格が限度で、それ以上の負担はないとされていますが、その点を考慮しても負担額の差は大きいといえます。

　2・3号認定の保育料負担に関わっては、これまでの保育所制度の考え方が引き継がれましたが、それは、所得階層が高い層はその子どもの保育費用全額を徴収することが原則であり、所得が低くなると減額するというしくみが維持されていることを意味しています。1号認定の場合は、どんなに所得が高い層も公費が半額投入されていることをふまえると、その差は負担の公平性の点からも問題です。

(図表19) OECD諸国における就学前教育段階の公私負担割合

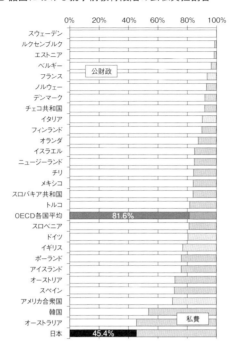

資料：OECD「図解でみる教育」(2014年版)
　　　文部科学省「我が国の教育行財政について」(2014年10月15日)

改善の課題

新制度の保育料には、以下の改善課題があるといえます。

①保護者負担全体の軽減が課題です。(図表19)にあるように、日本の就学前教育段階（幼児期の教育・保育）における保護者負担の割合は、国際的にみても非常に高く、問題ある状況といえます。市町村負担を軽減しつつ、国の負担を適正化し、保育料を引き下げるべきです。

②国の設定している保育料額は保育標準時間と短時間に区別されていますが、長崎県佐世保市をはじめいくつかの自治体で行われているように、認定時間の区別をなくし一つにまとめることも改善につながります。

③保育料以外の費用は、保育の平等性を確保し、子どもの保育を受ける権利を守るために、基本的には公定価格に含めるべきです。

(杉山隆一)

（6）市町村事業と学童保育

1　地域子ども・子育て支援事業の概要

ポイント

▶地域子ども・子育て支援事業の財源は、国・都道府県・市町村1/3ずつ
▶法定13事業以外の事業も計画的推進を求めよう

　新制度は、保育に関わる給付以外に、地域子ども・子育て支援事業（以下支援事業）を実施することを柱としています。自治体では、5年を1期とする地域子ども・子育て支援事業計画の中で、子ども・子育て支援法（以下　支援法）59条に定められた13の事業（資料は106頁）を、地域子ども・子育て支援事業として位置づけ、その推進にあたることになっています。よって、各事業の充実を願うのであれば、市町村の計画がどうなっているのか検討し、必要ならばその見直しを市町村等に要望する必要があります。

　この支援事業のうちの多くの事業については、これまでも国庫補助金が存在しましたが、新制度実施にともなって、その補助金制度は一旦廃止されます。今後は13事業に関わる費用は、交付金（支援法68条2）として支弁されます（負担割合は、国・都道府県・市町村で1／3ずつ（妊婦健診は全額自治体負担（地方交付税措置））。また、交付金は包括的に扱われるので、どの事業にどう配分するかは、都道府県及び市町村で決めることになります。

　なお、この交付金については、市町村が策定した事業計画を集計して、国・都道府県も財源を確保するとしていますが、義務的な負担ではなく、その時々の財源の範囲内で支出することになるので、必要な予算確保の要求を国・自治体に求めることを継続して行うことが必要です。

　制度実施にともなって、児童手当法が改正され、民間児童館補助金、国立児童館こどもの城の運営費補助金や子育て支援事業等に充てられていた拠出金が廃止される一方で、その拠出金が13事業のうち、⑨延長保育事業、⑩病児・病後児保育事業、⑪放課後児童健全育成事業（放課後児童クラブ）の就労支援に関わる3事業に限定して充てられることになっています。

新制度になって子育て支援に関わる事業が充実すると単純に評価する傾向がありますが、このように、一般の子どもを対象とした児童館等の子育て支援事業の国庫補助を廃止したうえで、働く女性支援関連の子育て支援事業に回すことが行われていることもふまえて、新制度の評価をすべきといえます。

　そうした点をふまえると、児童館事業等の13事業以外の事業の充実を願うのであれば、独自に事業計画に盛り込ませたほうが、その事業を伸展させることにつながるでしょう。

(逆井直紀)

▷資料

「地域子ども・子育て支援事業」の概要
①利用者支援事業【新規】
　子ども又はその保護者の身近な場所で、教育・保育・保健その他の子育て支援の情報提供及び必要に応じ相談・助言等を行うとともに、関係機関との連絡調整等を実施する事業
②地域子育て支援拠点事業
　乳幼児及びその保護者が相互の交流を行う場所を開設し、子育てについての相談、情報の提供、助言その他の援助を行う事業
③妊婦健康診査
　妊婦の健康の保持及び増進を図るため、妊婦に対する健康診査として、①健康状態の把握、②検査計測、③保健指導を実施するとともに、妊娠期間中の適時に必要に応じた医学的検査を実施する事業
④乳児家庭全戸訪問事業
　生後4か月までの乳児のいる全ての家庭を訪問し、子育て支援に関する情報提供や養育環境等の把握を行う事業
⑤
・養育支援訪問事業
　養育支援が特に必要な家庭に対して、その居宅を訪問し、養育に関する指導・助言等を行うことにより、当該家庭の適切な養育の実施を確保する事業
・子どもを守る地域ネットワーク機能強化事業（その他要保護児童等の支援に資する事業）
　要保護児童対策協議会（子どもを守る地域ネットワーク）の機能強化を図るため、調整機関職員やネットワーク構成員（関係機関）の専門性強化と、ネットワーク機関間の連携強化を図る取組を実施する事業
⑥子育て短期支援事業
　保護者の疾病等の理由により家庭において養育を受けることが一時的に困難となった児童について、児童養護施設等に入所させ、必要な保護を行う事業（短期入所生活援助事業（ショートステイ事業）及び夜間養護等事業（トワイライトステイ事業））
⑦ファミリー・サポート・センター事業（子育て援助活動支援事業）
　乳幼児や小学生等の児童を有する子育て中の保護者を会員として、児童の預かり等の援助を受けることを希望する者と当該援助を行うことを希望する者との相互援助活動に関する連絡、調整を行う事業
⑧一時預かり事業
　家庭において保育を受けることが一時的に困難となった乳幼児について、主として昼間において、

認定こども園、幼稚園、保育所、地域子育て支援拠点その他の場所において、一時的に預かり、必要な保護を行う事業
⑨延長保育事業
　保育認定を受けた子どもについて、通常の利用日及び利用時間以外の日及び時間において、認定こども園、保育所等において保育を実施する事業
⑩病児保育事業
　病児について、病院・保育所等に付設された専用スペース等において、看護師等が一時的に保育等する事業
⑪放課後児童クラブ（放課後児童健全育成事業）
　保護者が労働等により昼間家庭にいない小学校に就学している児童に対し、授業の終了後に小学校の余裕教室、児童館等を利用して適切な遊び及び生活の場を与えて、その健全な育成を図る事業
⑫実費徴収に係る補足給付を行う事業【新規】
　保護者の世帯所得の状況等を勘案して、特定教育・保育施設等に対して保護者が支払うべき日用品、文房具その他の教育・保育に必要な物品の購入に要する費用又は行事への参加に要する費用等を助成する事業
⑬多様な事業者の参入促進・能力活用事業【新規】
　特定教育・保育施設等への民間事業者の参入の促進に関する調査研究その他多様な事業者の能力を活用した特定教育・保育施設等の設置又は運営を促進するための事業

資料：内閣府子ども・子育て本部「子ども・子育て支援新制度について」（2015年5月）

✓ここに注目

実費徴収と補足給付事業

　地域子ども・子育て支援事業のなかで、新たに創設された事業として、「実費徴収に係る補足給付を行う事業」がある（子ども・子育て支援法59条3号に規定　108頁資料）。新制度においては、保育料とは別に各施設・事業者が実費徴収や上乗せ徴収を行うことが認められている。この実費徴収額について、低所得者を対象に費用の一部を補助するというものである（現状は生活保護世帯のみが対象である）。

　保護者から徴収できる費用は、①日用品、文房具等の購入費、②行事参加費、③給食費（2号認定の主食費）、④通園バス代、などとされている（「特定教育・保育施設及び特定地域型保育事業の運営に関する基準」13条4項に規定）。そもそも、子どもの貧困率の上昇が問題になっているなかで、国際的に見ても高額な保育料に加えて、さらに実費と称して費用徴収すること自体が問題であるが、補足給付事業の周知徹底とその改善を、国、自治体に求めるべきである。

（実方伸子）

▷資料

子ども・子育て支援法（抜粋）
第59条
三　支給認定保護者のうち、当該支給認定保護者の属する世帯の所得の状況その他の事情を勘案して市町村が定める基準に該当するもの（以下この号において「特定支給認定保護者」という。）に係る支給認定子どもが特定教育・保育、特別利用保育、特別利用教育、特定地域型保育又は特例保育（以下この号において「特定教育・保育等」という。）を受けた場合において、当該特定支給認定保護者が支払うべき日用品、文房具その他の教育・保育に必要な物品の購入に要する費用又は特定教育・保育等に係る行事への参加に要する費用その他これらに類する費用として市町村が定めるものの全部又は一部を助成する事業

(6) 市町村事業と学童保育

2　新制度と学童保育（放課後児童健全育成事業）

> 📖 **ポイント**
>
> ▶学童保育（放課後児童健全育成事業）の基準がつくられた
> ▶学童保育の職員は「放課後児童支援員」という職名に、認定資格研修が要件
> ▶公的責任の明確化が課題

学童保育と放課後児童健全育成事業

　一般に学童保育と呼ばれている事業は、多くの場合、児童福祉法で定められた放課後児童健全育成事業として実施されています。同法で、放課後児童健全育成事業は「小学校に就学している児童であって、その保護者が労働等により昼間家庭にいないもの」を対象とし、「その健全な育成を図る」ことを目的にして、「授業の終了後に」、「適切な遊び及び生活の場を与え」る事業と定められています（児童福祉法6条の3第2項）。

　放課後児童健全育成事業は、1997年に改正された児童福祉法によって新たに定められました。そして、2012年に改正された児童福祉法（施行は2015年度から。以下　改正児童福祉法）によって大きく変更されるとともに、子ども・子育て支援法によって地域子ども・子育て支援事業の一つに位置づけられました。

　さて、冒頭で「多くの場合」としたのは、「授業の終了後に」同様の児童を対象として実施されながら、放課後児童健全育成事業として実施（届出）されていない事業があるからです。この場合でも通称では「学童保育」と呼ばれることがあります。さらに、近年、都市部では「民間学童保育」や「アフタースクール」などと称される事業が急速に市場を広げています。これは、鉄道会社や学習塾・スポーツクラブを経営する企業などによるもので、放課後児童健全育成事業として届け出をしていないものです。

　このように、一般に学童保育と呼ばれる事業は多様な制度や経営形態によって行われていますが、ここでは児童福祉法や子ども・子育て支援法に定められ

た放課後児童健全育成事業に限定して、その解説と課題を提示します。

　新制度での主な変更点は、①対象拡大、②基準、③放課後児童支援員
　改正児童福祉法とそれにもとづく省令で、放課後児童健全育成事業には、大きな変更が加えられました。
　第1に、対象児童が変更（拡大）されました。改正前には「おおむね十歳未満」という限定がついていましたが、この文言が削除され、小学6年生までが対象となりました。
　第2に、放課後児童健全育成事業について基準が定められました。改正児童福祉法は、この事業の「設備及び運営」について「児童の身体的、精神的及び社会的な発達のために必要な水準を確保する」基準を市町村の条例で定めなければならない、としました。さらに同法は、市町村が基準を定めるにあたって、職員とその数については「厚生労働省令で定める基準に従い定めるものとし、その他の事項については厚生労働省令で定める基準を参酌するものとする。」としたのです（同法34条の8の2）。
　厚生労働省令で定める基準として公布された「放課後児童健全育成事業の設備及び運営に関する基準」（平成26年厚生労働省令第63号。以下「基準」）では、参酌すべき基準として、たとえば、この事業を行う場所に「専用区画」（＝「遊び及び生活の場としての機能並びに静養するための機能を備えた区画」）と「支援の提供に必要な設備及び備品等」を備えなければならないとし、「専用区画」については児童1人につきおおむね1.65㎡以上でなければならないとしました。また、児童の集団規模については、1集団あたり、おおむね40人以下とし、それを「支援の単位」と呼ぶことにしています。
　第3に、この「基準」によって、この事業に必置の職員として「放課後児童支援員」が定められました。従来は、保育士や教員免許保持者など有資格者を選任することが望ましい、とするに留まっていました。放課後児童支援員は、保育士や教諭となる資格を有する者等であることに加えて「都道府県知事が行う研修を修了した者（経過措置として「平成32年3月31日までに修了することを予定している者」を含む）」としたのです。

放課後児童支援員認定資格研修と補助員に対する子育て支援員研修

2015年度から、放課後児童支援員になるための認定資格研修が各都道府県ではじめられます。同年5月21日にようやく、厚生労働省雇用均等・児童家庭局長通知「職員の資質向上・人材確保等研修事業の実施について」が発出され、そのうちこの認定資格研修については別添7「放課後児童支援員等研修事業実施要綱」の「Ⅰ 放課後児童支援員等認定資格研修事業（都道府県認定資格研修ガイドライン）」で示されました。下記①から⑯の16科目（1科目90分）、合計24時間の講義を内容としています。

①放課後児童健全育成事業の目的及び制度内容
②放課後児童健全育成事業の一般原則と権利擁護
③子ども家庭福祉施策と放課後児童クラブ
④子どもの発達理解
⑤児童期（6歳～12歳）の生活と発達
⑥障害のある子どもの理解
⑦特に配慮を必要とする子どもの理解
⑧放課後児童クラブに通う子どもの育成支援
⑨子どもの遊びの理解と支援
⑩障害のある子どもの育成支援
⑪保護者との連携・協力と相談支援
⑫学校・地域との連携
⑬子どもの基本的な生活面における対応
⑭安全対策・緊急時対応
⑮放課後児童支援員の仕事内容
⑯放課後児童クラブの運営管理と運営主体の法令の遵守

ところで放課後児童支援員の配置数として求められているのは、「支援の単位」ごとに2人以上ですが、うち1人は「補助員」に代えることができるとされています。この補助員について「基準」では特に要件は示されていません。しかし、5月21日付の厚労省雇用均等・児童家庭局長通知「「放課後児童健全育成事業」の実施について」で示された「放課後児童健全育成事業実施要綱」では、補助員について「子育て支援員基本研修」（8科目計8時間）と「子育て支援員専門研修（放課後児童コース）」（6科目計9時間）、合計14科目17

時間を「修了していることが望ましい」とされました。「子育て支援員研修」については、雇用均等・児童家庭局長通知「子育て支援員研修事業の実施について」において、別添「子育て支援員研修事業実施要綱」が示されています。

　さらに、厚労省は2015年4月より適用される「放課後児童クラブ運営指針」（以下 「指針」とする）を示しました。この「指針」は、職員にとっての業務上・実践上の指針として、事業者（運営主体）にとっては運営上の指針として、示されたものです。放課後児童支援員等認定資格研修においては「放課後児童クラブ運営指針に基づく放課後児童支援員としての役割及び育成支援の内容等の共通の理解を得る」ことが期待されています（都道府県認定資格研修ガイドライン）。

　意義と課題について

　従来、この事業には施設についてもその運営についても職員についても最低基準がありませんでした。そのために、子どもがどんなに「すし詰め」にされても、まかり通っていたのでした。しかし、2015年度から変更される内容は、いわば「児童の身体的、精神的及び社会的な発達のために必要な水準を確保する」ための「基準」の具体化を中心とするものであり、大きな意義をもつものです。職員についても、従来は、養成課程もなく研修も不十分で、保育士や教員免許保持者など有資格者を選任することが望ましい、とするに留まっていました。しかし、2015年度からは、保育士などの有資格者であればそれでよしとはせず、この職に独自の内容をもつ研修を義務づけました。その成果に期待したいところです。

　とはいえ、放課後児童支援員の認定資格研修は、実習もなく、わずか24時間にすぎないという限界もあります。また、都道府県によっては質の高い講義を担当できる講師の確保が難しいと思われます。講師として期待されている保育士養成校の教員も、学童保育・放課後児童クラブの実際について十分理解し研究している人は非常に少ないのが現状です。また、講師を担い得る力量をもった学童保育指導員（放課後児童指導員）の経験者も多くありません。厚労省では、この研修講師の養成研修を企画していますが、その計画内容をみると、「養成」研修というよりも研修内容の「伝達講習」とでもいうべきものです。

　最後に、あらためて考えなければならないのは、「基準」・各市町村の条例で

(図表 20) 放課後クラブの基準

- 放課後児童クラブの質を確保する観点から、子ども・子育て関連3法による児童福祉法の改正により、放課後児童クラブの設備及び運営について、省令で定める基準を踏まえ、市町村が条例で基準を定めることとなった
- このため、「社会保障審議会児童部会放課後児童クラブの基準に関する専門委員会」における議論を踏まえ、平成26年4月に「放課後児童健全育成事業の設備及び運営に関する基準」(平成26年厚生労働省令第63号)を策定・公布した

<主な基準>　　　　　　　　　　　　　　　※職員のみ従うべき基準(他の事項は参酌すべき基準)

支援の目的（参酌すべき基準）（第5条）
- 支援は、留守家庭児童につき、家庭、地域等との連携の下、発達段階に応じた主体的な遊びや生活が可能となるよう、児童の自主性、社会性及び創造性の向上、基本的な生活習慣の確立等を図り、もって当該児童の健全な育成を図ることを目的として行わなければならない

設備（参酌すべき基準）（第9条）
- 専用区画（遊び・生活の場としての機能、静養するための機能を備えた部屋又はスペース）等を設置
- 専用区画の面積は、児童1人につきおおむね1.65㎡以上

職員（従うべき基準）（第10条）
- 放課後児童支援員（※1）を、支援の単位ごとに2人以上配置（うち1人を除き、補助員の代替可）
- ※1　保育士、社会福祉士等（「児童の遊びを指導する者」の資格を基本）であって、都道府県知事が行う研修を修了した者（※2）
- ※2　平成32年3月31日までの間は、都道府県知事が行う研修を修了した者に、修了することを予定している者を含む

児童の集団の規模（参酌すべき基準）（第10条）
- 一の支援の単位を構成する児童の数（集団の規模）は、おおむね40人以下

開所日数（参酌すべき基準）（第18条）
- 原則1年につき250日以上
- ※　その地方における保護者の就労日数、授業の休業日等を考慮して、事業を行う者が定める

開所日数（参酌すべき基準）（第18条）
- 土、日、長期休業期間等（小学校の授業の休業日）
  → 原則1日につき8時間以上
- 平日（小学校授業の休業日以外の日）
  → 原則1日につき3時間以上
- ※　その地方における保護者の労働時間、授業の終了時刻等を考慮して事業を行う者が定める

その他（参酌すべき基準）
- 非常災害対策、児童を平等に取り扱う原則、虐待等の禁止、衛生管理等、運営規程、帳簿の整備、秘密保持等、苦情への対応、保護者との連携、関係機関との連携、事故発生時の対応　など

資料：内閣府子「ども・子育て支援新制について」（2015年5月）

　定められた基準・「指針」において、その内容を守るべき主体を職員や事業者にしていることの意味です。本来、「基準」・各市町村の条例で定められた基準・「指針」を事業者が守っていくためには、国や地方公共団体による公的な財政支援や条件整備が必要です。「基準」・各市町村の条例で定められた基準・「指針」を職員が守っていくためには、研修のみならず、職員の身分や労働条件の抜本的な改善が必要です。そして、そのためには公的な財政支援が欠かせないはずです。「基準」や「指針」に書かれていることは、それ自体としては、この事業の水準を向上させるために重要な内容です。しかし、職員や事業者の責任を問うばかりで、国や地方公共団体の役割や責任は、あまりに「軽く」位置づけられていると言わざるをえないのです。

（石原剛志）

(6) 市町村事業と学童保育

3　学童保育の予算・財政

> 🔲 ポイント

> ▶学童保育の予算は子ども・子育て支援交付金として市町村へ交付
> ▶実施主体である市町村に、事業計画の見直し、予算化を求めよう

子ども・子育て支援交付金へ

放課後児童健全育成事業は、子ども・子育て支援法によって定められた「地域子ども・子育て支援事業」の1つに位置づけられました（109頁参照）。これらの予算については内閣府から「子ども・子育て支援交付金」として市町村に交付されることになりました。

市町村は、子ども・子育て支援法61条にもとづき「5年を一期とする教育・保育及び地域子ども・子育て支援事業の提供体制の確保」その他について「市町村子ども・子育て支援事業計画」を定めることになっています。「市町村子ども・子育て支援事業計画」には、区域ごとに「各年度の地域子ども・子育て支援事業の量の見込み」と「実施しようとする地域子ども・子育て支援事業の提供体制の確保の内容」、その「実施時期」が含まれています。

市町村に交付される交付金の額は、この計画にもとづいて決められます。

2015年度の予算

放課後児童健全育成事業の運営費には、その規模・開所日数などによって、「支援の単位」ごとに補助単価額が決められます。単価額の1／3が国から市町村に直接交付され、都道府県から市町村へも単価額の1／3が交付されることになっています。

2015年度の放課後児童健全育成事業（放課後児童クラブ）関係の予算の概要について、厚労省は、「放課後児童クラブ関係・平成27年度予算（案）の概要」として次のように示しています。

①運営費等431.7億円【対前年度比73.0億円増】子ども・子育て支援交付金：

内閣府予算に計上）
②整備費 143.3 億円【対前年度比 118.3 億円増】子ども・子育て支援整備交付金：内閣府予算に計上
③その他（放課後児童支援員等研修関係）職員の資質向上・人材確保等研修事業 15.7 億円の内数　子ども・子育て支援対策推進事業費補助金：厚生労働省予算に計上
　１）放課後児童支援員認定資格研修事業【新規】
　２）放課後児童支援員等資質向上研修事業【拡充】

　放課後児童健全育成事業の「運営費等」については、トータルで 431.7 億円（対前年度比 73.0 億円増）とされました。それは、受け入れ人数で換算すると、93 万 6,452 人（2014 年度）→ 110 万 5,656 人（2015 年度）［約 16.9 万人増］になると、説明されています。
　なお、注目すべきは「放課後児童支援員等処遇改善等事業」として計上される予算です。放課後児童健全育成事業の運営費等に含まれる人件費は、従来、非常勤の職員を想定して単価等が決められてきました。この事業の予算は、常勤職員を配置した場合を想定しているのです。

問題点と課題

　国レベルで関連する予算を見たとき、量的拡充や質的向上の方向で予算化されている点は多いに評価すべき点です。しかし、放課後児童健全育成事業についての新規の予算枠が、国のレベルでつくられても、それを市町村が活用できるかどうかは別の問題です。この財政のしくみの基本的な問題点は、これらの費用の交付が、実施主体とされる市町村への交付として行われるところにあります。市町村における「市町村子ども・子育て支援事業計画」の内容、市町村における行政の担当者・部局の力量、（任意設置でありますが）市町村子ども・子育て会議における審議、議会での審議と予算化が、大きなカギを握ることになり、市町村への要請と共同が施策拡充のためにも必要です。

（石原剛志）

(6) 市町村事業と学童保育

4　学童保育と放課後子供教室

□ ポイント

▶放課後子ども総合プランでは、放課後児童クラブと放課後子供教室の「一体型」を推進
▶学童保育（放課後児童健全育成事業）と放課後子供教室それぞれの充実を

放課後児童健全育成事業をめぐる動向

　今後しばらくの間、放課後児童健全育成事業（放課後児童クラブ）の動向に大きな影響をあたえていくと思われる政策や市場の動向には次のようなものがあります。

　第1に、放課後児童健全育成事業の「基準」や「放課後児童クラブ運営指針」を策定し、この事業としての独自の役割や職員の専門性などを確保し、その質の向上をはかっていこうとする厚労省の政策です。この動きには、学童保育関係者の運動や要求が反映されています。

　第2に、「民間学童保育」「アフタースクール」等と称されるソーシャルビジネスの動向です。鉄道会社や学習塾・スポーツクラブを経営する企業・NPOは、放課後児童健全育成事業として届け出をしない事業を展開するとともに、放課後児童健全育成事業の運営を事業者として積極的に受託しています。都市部では無視できない動向です。

　第3に、放課後子ども総合プランに見られるように、学校敷地内での設置拡大や放課後子供教室との「一体化」「一体型」と関連させて放課後児童健全育成事業の量的な拡大をはかろうとする動きです。

　以下、第1や第2の動向との関係をふまえながら、第3の動向を中心に述べてみたいと思います。

放課後子供教室と放課後児童健全育成事業との「一体化」「一体型」

　放課後子供教室は、文部科学省生涯学習政策局長・初等中等教育局長裁定「学

校・家庭・地域連携協力推進事業費補助金実施要領」(2015年3月31日)において、「放課後や週末等において、学校の余裕教室等を活用して全ての子供たちの安全・安心な活動場所を確保し、学習や様々な体験・交流活動の機会を定期的・継続的に提供する放課後等の支援活動」とされるものです。

2014年12月現在、全国で1万1,991教室で実施されています。ただし、自治体によって実施状況に差があり、東京都の市区町村、大阪府の市町村、大阪市、横浜市、名古屋市で合計3,960教室となり全体の1／3を占めています(「放課後子供教室の実施状況〈平成26年度〉」)。なお、放課後子供教室の活動日は、平日毎日実施している場合もあれば、週に1日や数日などさまざまです。

さて、安倍内閣は、2014年6月24日、「日本再興戦略」(改訂2014)を閣議決定しました。ここで「いわゆる『小1の壁』を打破」するために「放課後子ども総合プラン」を策定し「2019年度末までに30万人の放課後児童クラブの受け皿」を整備し、「1万か所以上の場所で、放課後児童クラブと放課後子供教室の一体化を行う」としました。その後、同年7月31日付通知「放課後子ども総合プラン」では、放課後児童クラブと放課後子供教室の「一体化」を推進していくとしました。両者同じ場所で合同で行う「一体化」に対して、同じ小学校内等でそれぞれ実施しながら連携するのが「一体型」であるとされています。これには全国学童保育連絡協議会による要望行動があり、また、放課後児童健全育成事業が「基準」にもとづいて施行されることから、修正が行われたようです。

ただし、自治体においては、そのあり方が問われる事態も起きています。例えば、横浜市放課後キッズクラブは「保護者が労働等により昼間家庭にいない」児童を対象とする放課後児童健全育成事業については平日17時から実施し、平日17時まではそれらの児童も含めて全ての利用希望児童を対象とした放課後子供教室が合同で実施されています。名古屋市トワイライトルームでも同様の形態がとられています。こうした形態で実施されている放課後児童健全育成事業が、はたして「基準」を満たしていると言えるのかが問われます。

民間企業による運営委託の動向

「放課後子ども総合プラン」では、放課後児童健全育成事業について「民間企業が実施主体としての役割をよりいっそう担っていくこと」「本来事業に加

えて高付加価値型のサービス（学習塾、英会話、ピアノ、ダンス等）を提供することも考えられる」、また、放課後子供教室についても「習い事や学習塾等の民間教育事業者、スポーツ・文化・芸術団体などの人材の参画を促進していくことが望まれる」と書かれています。これらはすでに、いくつかの自治体においては具体化され、そうした動向は拡がる傾向にあるようです。冒頭で第2の動向として紹介したこととあわせて、注視していく必要があります。

（石原剛志）

《コラム》

法的におかしい新制度

　もともと新制度は、市町村による保育の実施を廃止し、保護者と保育所その他の保育事業者とが契約を締結して保育を購入する仕組みに改めることを目的としていました。これへの批判の声が大きくなったため、当時の与党の民主党と野党の自民党・公明党が密室で協議して法案を大幅に修正し、これが国会で成立しました。

　最大の修正か所は、市町村が保育所保育を実施するという、児童福祉法制定以来とられてきた仕組みの復活です（維持されたということです）。

　しかし、保育所以外の保育事業者が提供する保育契約により利用するしくみは、原案のままでした。つまり、新制度には原理的にあい異なる２つの仕組みが採用されたのです。そのため、あちこちに矛盾・歪みが生じています。実施状況をみると、違法と判断されるものもあります。いくつか指摘しましょう。

　新制度でも保育所入所は、これまでと同じように市町村へ申込み、市町村が決定しますが、保育所以外の保育は、保護者が事業者へ申し込み、事業者が承諾して決まります（契約締結）。ところが、新制度移行後、保育所以外の保育の利用申込書を市町村に提出させているところがほとんどです。市町村としては、両者を同じように扱いたいということのようですが、明らかに違法です。

　保育所は、これまでと同じように市町村が保育料を決定・徴収します。他方、保育所以外の私営の認定こども園や家庭的保育事業などは契約による利用ですので、保育料も当事者間の契約により決められるはずです。ところが、政府はこれも市町村が決定する（徴収は事業者）といっています。違法というほかありません。

　私立幼稚園が新制度の適用を受けるかどうかは、自らの判断によるとされています。他方、公立幼稚園は、当然に新制度のもとに入るというのが政府の見解ですが、これを明記する法規定は存在しません。そのため、一部の市町村では、今も公立幼稚園を新制度の適用を受けないものとして運営しているようです。

　小規模保育事業や家庭的保育事業などは、市町村の認可を得て行うことになっています（児童福祉法34条の15）。認可を受けさえすれば誰でも、これらの事業を行うことができる仕組みです。ところが、多くの市町村では、これらを募集しています。応募して市町村から認可を受けて初めて行える、言い換えれば、市町村が募集していない事業は行えないということです。これも明らかに違法です。

　以上、それらのなかには、市町村として違法であることを承知していながら、やむなく行っているものがあるようです。保育行政の現場を担当する市町村には、新制度はそのままでは実施できないとの思いがあると、筆者はみています。

（田村和之）

《コラム》 育休中の上の子は退園──所沢の問題

2015年6月25日、園児8名を保育所から退園させる処分（保育の実施の解除）をしてはならないことを求めて、園児の保護者が原告となり、埼玉県所沢市を被告とする行政訴訟（差止めの訴え）が、さいたま地裁に提起されました。

所沢市では、新制度に移行した4月以降、保護者が育休をとると、それまで保育所に入所していた子ども（在園児）を退園させる方針をとることにしたため、これに異を唱える保護者が裁判に訴えて、その是正を求めています。

同市では、新制度の実施以前（3月まで）は、親が育児休業をとったとき、保育所に在園中の子どもは引き続き保育所入所の要件（改正前の児童福祉法24条1項にいう「保育に欠ける」状態にあること）に該当するとして、継続的に入所することができました。この取扱いは、法令に明記されていたわけでなく、厚生労働省の通達などをふまえた同市の法解釈によるものでした。

新制度では、保育所入所要件は「保育を必要とする場合」に改められ（改正後の児童福祉法24条1項）、これを具体化した子ども・子育て支援法施行規則1条9号に「育児休業をする場合であって、当該保護者の当該育児休業に係る子ども以外の小学校就学前子どもが特定教育・保育施設又は特定地域型保育事業……を利用しており、当該育児休業の間に当該特定教育・保育施設等を引き続き利用することが必要であると認められること」と定められ、育児休業中が保育所入所要件として明記されました。これによって、育休中も子どもを継続的に入所させることができることが、法令上明確になりました。これは、新制度になって改善された部分の一つと評価できます。

ところが、所沢市は、下線部分に特異な解釈を行い、0～2歳児は原則として保育所などを「引き続き利用することが必要である」とは認められないという方針をとっています。その背後には、「3歳までは親のもとで育てるのがよい」という同市長の子育て思想があるようです。この考え方は、かなり独特のもので、時計の針が数十年逆回転したかのような印象をいなめません。

法令で保育所入所要件を明記することにより、政治家個人の独自な考えが入らないようにしたはずですが、所沢市では、法規定よりも上に市長の思想があるようです。新制度で改善されたと思われたことが、実は市民の保育所入所・利用を狭めることになるとは、誰も考えてみなかったことではないでしょうか。

（田村和之）

第3章
保育制度改善・拡充のために
――新制度活用・改善の視点

子どもの権利としての保育

> **□ ポイント**
>
> ▶保育所は子どもの権利に加え、保護者の労働・社会参加の権利も保障する
> ▶市町村の保育実施責任（児童福祉法24条1項）が、保育を受ける権利を支える
> ▶市町村が責任を負う認可保育所の拡充が、権利としての保育の拡充につながる

保育所は生存権を乳幼児期において具体化するための施設

　保育所は戦後1947年に制定された児童福祉法39条に「日日保護者の委託を受けて、保育に欠けるその乳児又は幼児を保育することを目的とする施設」として規定されました（新制度に関わる法改正で、「保育を必要とする乳児・幼児を日々保護者の下から通わせて保育を行うことを目的とする施設」と修正され、「委託」という文言は削除されています）。すなわち保育所は、憲法25条に規定された生存権を、乳幼児期において具体化するための施設といえます。あわせて、すべての子どもの発達保障、そして保護者、特に母親の就労保障（27条勤労の権利）などを具体化する施設であるともいえます。

保育を受ける権利と市町村責任

　戦後日本の保育制度は、児童福祉法24条1項に市町村の保育実施責任を規定し、保育を家族や保育を提供する事業者まかせにせずに、公的責任のもとで子どもの保育を受ける権利や保護者の働く権利を保障する制度として展望されてきました。子どもの権利保障や発達保障だけでなく、保護者の労働や生活等に関わる諸権利が守られてこそ、子どもの権利が守られるとの考え方が基礎にあることが、日本の保育制度の大きな特徴といえます。

　また、法律に規定するだけでなく、切実な要求に根ざした制度の拡充や条件整備を求める運動とあいまって、最低基準の改善や産休明け乳児保育・延長保育の制度化など、実質的な施策の改善がかちとられていったのです。

　その結果、日本の保育制度は、①市町村の保育実施責任、②最低基準の確保

と遵守、③最低基準を維持する保育費用の公費負担、を原則とする公的責任性の高い制度として認知されてきました。

残念ながら近年は、高まり続ける保育所入所の要求に保育所整備が追いつかない状況が続き、待機児童が増大しています。認可保育所に入所できないために劣悪な条件の施設に預けざるをえない、保護者が仕事を辞めざるをえないなど、子どもと保護者の権利侵害ともいえる状況も生まれていますが、そうしたなかで、児童福祉法24条1項に基づく市町村の保育実施責任を追及し、保育所整備と待機児童の解消を求めていくことがいっそう重要になっています。

権利としての保育を確立する――新制度改善の課題

待機児童を解消し、市町村責任に基づく保育制度を改善していくためには、保育関係予算を大幅に増やし、公的責任をさらに強化していくことが必要でした。しかし、紆余曲折を経て2015年4月から実施された新制度は、十分に議論が尽くされたうえで創られた完成された制度ではありません。また、制度自体も複雑でわかりにくく、全体像が見えないまま具体化の議論がすすめられたため、関係者は、政府から新たな提案がされる都度、問題点を明かにし、改善を求めてきました。

その際の視点として確認されたことは、すべての子どもの権利保障を基本に、保育を必要とする子どもに平等に保育を保障するということであり、これまで積み重ねてきた市町村の保育実施責任を後退させない、保育の現行水準を後退させないということでした。

なかでも、待機児童問題への対応は、新制度実施後の重要な課題といえます。厚生労働省は新制度の実施に伴い待機児童の定義を改めて確認していますが、児童福祉法24条1項の認可保育所への入所を希望しているにもかかわらず、24条2項の施設・事業を利用している場合には待機児童としないという傾向がいっそう強まっています。しかし、24条1項と24条2項では、市町村の責任の内容が異なっています。市町村は24条2項に基づいて小規模保育等での保育の確保をしたとしても、保護者が24条1項の認可保育所での保育を希望するかぎりにおいて、認可保育所で保育を提供する責任を免れるものではありません。

新制度のもとでも24条1項は権利主張の根拠であり、これに基づいて認可

保育所入所を求める、入所できなった場合に市町村に異議申し立てを行う、認可保育所増設を求める、というとりくみをすすめることができます。

　要求に根ざし、各地で保育所入所・増設運動を
　新制度の実施に向けて、各市町村では事業計画策定のためにニーズ調査が行われましたが、その結果を見ると、多くの市町村で０〜２歳児の保育ニーズ、そして預け先として認可保育所を求める声が、その市町村の現状以上に高い数値として表れたことが明かになっています。保育の利用を望む保護者の多くが、認可保育所での乳児からの保育を希望しているといっても過言ではありません。あわせて、家庭で子育てをする０〜２歳の子どもの保護者にとっても、市町村が責任を持つ子育て支援の場として、認可保育所が活用されることが期待されています。
　こうした保護者の願いに応えるには、児童福祉法24条1項を最大限活用することが必要であり、認可保育所整備を基本に市町村の事業計画の見直しを求めていくことが重要です。
　2013年春に、東京都杉並区から始まった待機児童の保護者による集団での異議申し立ての取り組みは、2014年、2015年の春にはさらに各地に広がりました。とりわけ新制度が実施される2015年度の入所についても、運動で復活させた児童福祉法24条1項の意味が改めて確認され、市町村が保育実施責任を果たすことを求める異議申し立ての取り組みだけでなく、認可保育所増設を求める運動が各地ですすんだことは、保育の権利保障を求めるとりくみとしても重要です。
　また、埼玉県所沢市では、母親が育児休業をとることで、これまで保育園に通っていた上の子どもが退園させられるという新制度実施にともなう市の方針変更に対して、保護者たちが、退園差し止めを求めて市を訴えました。これも、これまで保育所に通っていた子どもには、年齢にかかわらず引き続き保育を受ける権利があることを求めるものです。
　子どもの権利保障を基本に保育内容、条件、環境を改善していくために、関係者が乳幼児期における保育とは何か、教育とは何かについて実践をとおして共通の認識を広げていく努力が求められています。

（実方伸子）

新制度活用・改善の視点

新制度と障害児保育

ポイント

▶子どもの障害を市町村判断で保育の必要性の要件に
▶施設型給付、地域型保育給付における財政支援のさらなる拡充を求める
▶市町村を中心に障害児・保護者支援のための関係機関の連携を

保育の必要性の認定

　これまでも、多くの障害のある子どもが保育所で保育を受けてきましたが、新制度のもとで保育を利用するためには、「2号認定」「3号認定」の認定を受けなければなりません。この認定を受けるための要件（事由）として政府は、保護者の「就労」や「妊娠・出産」など10項目をあげていますが、そこには子ども自身の障害は含まれていません。要件の10番目に、「その他市町村が定める事由」という項目があることから、市町村が、本人の障害についてはこの項目に該当すると判断すれば、保育の必要性の認定を受けることができます。

　障害のある子どもたちの成長・発達にとって、仲間集団や友だちとともにすごす生活時間の保障は大切です。親も子も地域で孤立することのないよう、また、特別な困難を抱える子どもの子育てを「親まかせ」にすることのないよう、市町村がしっかりと役割を果たすことが求められています。とりわけ療育に係る施策が十分に整っていない地域では、子どもたち一人ひとりの「育ち」を支えるために、保育所等で保育を提供することが欠かせません。子ども本人に障害があることを「保育の必要度」に係る要件（事由）に該当するものとして、市町村が柔軟に判断するよう求めていきましょう。

　受け入れ枠が狭い場合、実際に保育を利用できるかどうかは、要件（事由）ありと判断された子の中での優先利用度合によります。要件（事由）を満たすことができなければ、どんなに緊急度が高くとも保育の提供にはつながりません。逆に、本人の障害は優先利用ではカウントされるため、要件（事由）を満たせば保育必要度は比較的に高く認定される可能性がうまれます。

施設型給付（認定こども園・幼稚園・保育所）での受け入れ

　施設型給付で障害児を受け入れる場合、従来の財政支援措置としての私学助成または障害児保育事業（地方交付税）によって、職員加配にかかる財政措置が行われます。新制度のもとでも、法施行前と同様、軽度障害児も含め、特別な支援が必要な児童２人に対し保育士１人相当分を配当することとされています。

　加えて新制度では、一定の体制のもとで障害児を受け入れる場合に「療育支援加算」が算定されます。この加算は、保育士等を補助する非常勤職員を配置して「地域住民や保護者からの育児相談等の療育支援に積極的に取り組むこと」を評価して算定するものです。しかし、地域への療育支援機能の発揮や、障害児の充実した保育を実施するには、これらの措置だけでは不十分であり、施策の拡充が求められるところです。

地域型給付での受け入れ

　新制度では、３歳未満児の保育を主に担う小規模保育など、地域型保育給付の４事業が新設されました。

　この地域型保育給付のうち「居宅訪問型保育事業」（保育を必要とする乳幼児の居宅において、家庭的保育者による保育を行う事業）の対象者は、「障害、疾病等の程度を勘案して集団保育が著しく困難であると認められる場合」や「ひとり親家庭の保護者が夜間・深夜の勤務に従事する場合」等が列挙され、障害については比較的重度のものが想定されています。

　居宅訪問型で障害児を保育する場合には、専門的な支援を受けられる施設（「連携施設」）を確保することが求められますが、①重度の障害を持つ子どもにおいても小単位の集団などの子どもどうしのかかわりを保障していくことが大切であること、②居宅訪問型保育の従事者は家庭的保育者（必要な研修を修了し、保育士又は保育士と同等以上の知識及び経験を有すると市町村長が認める者）であり、保育士資格や障害・発達に関する専門的な知識が問われないこと、③保育者の側の集団が保障されない中、長時間にわたる保育者と障害のある子どもとの一対一の関係の中では、不適切な保育や虐待へのチェック機能が十分に働かないことなど、様々な問題をはらんでいます。

　居宅訪問型以外の「家庭的保育事業」、「小規模保育事業」、「事業所内保育事

業」で障害児を受け入れた場合であって、障害児2人に対して保育者等を1名配置した場合には、「障害児保育加算」が算定されます。

また、地域型保育給付は原則として3歳未満児を対象としているため、3歳児以降の施設型給付の対象施設への円滑な移行等をどのように保障するかも課題になります。

障害児・保護者支援の視点

わが子に障害がある(その可能性がある)ことを受容し、その事実の上に立った対応を行っていくことは、保護者として大変力のいる仕事です。本来行政は、そんな保護者が抱える悩みやしんどさによりそいながら、保護者が子どもを丸ごと受け止めていけるよう支援を行わなければなりません。しかし療育も保育所以外での保育も、利用契約制度によって提供されることになり、一方の契約当事者である保護者の契約意思が欠かせないものとなりました。

乳幼児健診などを行う保健・医療機関と療育・保育機関が連携をとり、その中心に市町村がしっかりと位置づいて保護者の孤立を防ぐこと、「障害児相談支援事業」や地域子ども・子育て支援事業から提供される「利用者支援事業」が連携して役割を果たし、保護者を支援していくことが大切です。

保護者はわが子の育ちを通して、未来への見通し・希望を広げていくことができます。利用契約は、保護者と事業者を「向かい合う」関係として描いてしまいがちですが、子どもを仲立ちにしてともに「より添う」関係として機能するよう、保育の専門性を鍛えつつ円滑なコミュニケーションをはかっていくことが必要です。

障害児施策の地域格差を超えて

障害のある(あるいは障害をもつ可能性のある)就学前児童への施策は、主に市町村が児童福祉法等に基づいて実施していますが、地域格差が大きいことが特徴です。障害児保育の課題を考える際には、こうした障害児施策にかかる地域格差を念頭におかなければなりません。

すなわち、障害児施策に関して、①一定の社会資源を擁している地域ではそれらの社会資源との役割分担と連携が、②社会資源が整備されていない地域ではそのことを補うための支援の提供が、保育施策に求められています。

また、就学前の障害児にかかる支援施策は"療育"として提供されています。療育は、障害のある子どもたちへのていねいなかかわりを通して、子どもたちの興味や関心によりそいながら、一人ひとりの発達の芽を育てていく場であり、親子通園や単独通園、保育所と療育の両方を利用する並行通園があります。

　保育所や幼稚園など大きな集団での保育のなかで「がんばって」過ごすことと、療育の場でゆったりと自分のペースを取り戻すことには、それぞれ意義があります。新制度では、障害児保育に限らず、市町村により施策の格差が広がることが懸念されています。障害児の保育・療育も含めて、すべての子どもの権利保障、発達保障を求めて各市町村に保育・子育て支援施策の拡充を求めていくことが必要です。

（塩見洋介）

新制度活用・改善の視点

新制度と公立保育所

> 📋 **ポイント**
>
> ▶新制度を理由に公立保育所を廃止・民営化することはおかしい
> ▶行政機関としての公立保育所は、地域の保育水準となり、地域連携の核にもなりえる

新制度における公立保育所の位置づけ

 新制度でも公立保育所は、私立保育所と同じ扱いになっています。ただし財政のしくみは、これまで通り、私立の施設とは若干異なります。運営費は市町村の一般財源で賄い、国は地方交付税等の地方財政対策として保障します。施設整備費も市町村の一般財源で賄い、国は地方債の優遇と地方財政対策として保障します。

 したがって新制度を理由に公立保育所を廃止・民営化する道理はありません。逆に新制度によって株式会社等がより自由に参入、撤退しやすくなったからこそ、安定性があり、誰もが等しく利用できる公立保育所が期待されています。地域住民・保護者が運営に関われる公立の施設や事業を整備し、地域全体で子どもの育ち、子育てを支えるネットワークの中核的役割を果たすことが求められます。

公立保育所の特性と役割

 公立保育所も私立保育所も、児童福祉法に基づく保育所という性格は同じです。しかし公立保育所は私立保育所にみられない固有の性格をもっています。

 第一に地域の保育水準を規定するという性格です。市町村が私立保育所に対して、配置基準の改善、経験ある保育士の確保、発達支援保育（障害児保育）や地域子育て支援事業の充実の補助をおこなっている例が各地にみられます。その基準とされるのが公立保育所です。

 新制度でも公立保育所は市町村が直接設置運営する施設、私立保育所は市町

村から事業委託を受けて保育を実施する施設というしくみが維持されました。さらに認定こども園や小規模保育等でも市町村が保育水準を決めることになりました。このことにより公立保育所を維持、拡充すること、これまでの私立保育所への補助を維持・拡充すること、そして認定こども園や地域型保育事業への市町村独自の補助を新設・充実させることが求められます。

　第二に市町村という行政機関の一組織であるという性格です。また公立保育所の保育士は国民全体の奉仕者で日本国憲法を遵守する義務がある一般行政職員であるという性格です。

　市町村は住民の命と生活を守るために、強い権限と財政、人材を国民から付与されています。公立保育所もその一端を担っています。保育士等が保健師等と連携して養育困難な家庭の支援をおこなっている例、地域の保育所や幼稚園、民生児童委員などの機関、専門家等のネットワークの中核的役割を担う例もみられます。公立保育所の保育士は、施設に雇用されたのではなく、市町村職員（地方公務員）です。保育士が地域子育て支援センターや療育施設に異動し、さらに行政の幹部職員になる例もみられます。

　第三に公立保育所は「公の施設」（地方自治法第244条以下）です。現に利用している子どもと保護者だけでなく、現在と未来の住民全体の財産です。保護者は利用者ではなく主権者として保育所の運営等に関る意見を述べることができます。公立保育所の新設、廃止等は市町村長の一存で決められず、議会での特別な議決を要します。

公立保育所廃止・民営化でなく活用を

　公立保育所は、1960年代半ば以降、革新自治体と保育運動の広がりで急速に整備されました。しかし、1980年代以降、社会福祉法人による保育所整備へ重点が移りました。そして2000年代以降、公立保育所を廃止・民営化する動きが広がりました。国が保育事業への株式会社等の参入を推進した時期と重なります。

　公立保育所の廃止・民営化を決めるのは設置者である市町村自身です。しかし背後に国の政策がありました。とくに影響を及ぼしたのは、小泉純一郎内閣（2001～2006年）が「民でできるものは民で」と、福祉、医療等の分野への企業参入を促進させたこと、職員を一律削減させる「集中改革プラン」（2005

〜2010年）を市町村に強要したこと、国の財源確保のために「三位一体の改革」（地方財政制度改革2004〜2006年度）で地方財源を約2兆9000億円削減したことです。しかも「三位一体の改革」で公立保育所の運営費、施設整備費を国庫補助金から一般財源による地方財政対策に切り替えました。少なくない市町村は「国は公立の財源保障をなくしたが私立は存続」などとして廃止・民営化を推進しました。

　ここで確認したいことは、廃止・民営化の目的は保育の財政負担（配置基準、賃金水準、経験年数で決まる人件費）を減らし、市町村職員を減らし、財源を大型開発等に重点配分するためであり、公立の保育内容や保育士の働き方が劣るためでも、保育行政の充実を意図したものでもないことです。

　新制度実施を口実にした公立保育所廃止・民営化をさせないためにも、地域の財産である公立保育所を活用していくことが必要です。

●広島市――廃止・民営化をストップ

　いったん決定した公立保育所の廃止・民営化計画が、事実上止まっているのが広島市です。

　広島市は、人口1,164,755人（2015年3月末）の政令指定都市です。南部の西区、中区、南区（市域の9％）に人口の39％が集中しています。保育所193か所（公立88か所、私立105か所、分園含む）、幼稚園109か所（公立20か所、私立89か所）、認定こども園21か所（公立1か所、私立20か所）、小規模保育8か所があり、政令指定都市のなかでは公立保育所の割合が高い市です。

　広島市は2005年3月に公立保育所を廃止・民営化する考えを明らかにし、「保育園の在り方検討委員会」の議論を経て、2008年12月に「保育園のあり方について」を決定。そこでは公立保育所の役割を、①保育内容に関する調査研究、②障害児保育等の推進、③認可外保育施設の支援、④人材育成、⑤保育サービス供給のセーフティ・ネットとし、他方、私立は、①運営コストが安い、②職員の勤務体制が柔軟で延長保育や一時保育などに柔軟に対応できるとし、効率的運営のために1年に2か所ずつ廃止・民営化するとしました。

　しかし2020年度までに20か所程度、うち2011〜2016年度までに移管する9か所の施設名を明らかにしたまま、1か所も具体的な移管手続きを進めていません。最大の理由は、私立保育園の園長や保育士も参加する「豊かな保育をすすめる会」と「公

立保育園保護者会連絡会」が中心にすすめた主張と運動が市民から支持され、市が強行できなかったことです。

公立保育所の特長を示す最近の出来事を紹介します。2014年8月に集中豪雨が広島市北部を襲い、大規模な土石流で74人が亡くなる甚大な被害が発生しました。公立保育所2か所も大きな被害を受けました。そのとき市役所の担当課（保育企画課）や近隣保育所が応援体制を組み、周辺の公立保育所に分散して翌日から保育をおこない、避難場所の小学校から登園する子どもを受け入れています。

もう一つは休日保育です。これまで公立1か所、私立3か所で実施していました。しかし2014年12月に運営の困難さから私立2か所が実施を返上しました。そこで、急遽、公立の全保育所が輪番体制をとり新たに2か所で実施し、休日保育を守ることができました。これらは広島市がもつ総合的な力をバックに公立保育所が役割を発揮できた実例です。

● 福岡県大木町──全廃計画の見直し

公立保育所全廃の計画を見直したのは福岡県大木町です。

大木町は福岡県の南部、筑後平野の中心部にあり、面積18.43km²、人口14,581人（2015年3月末）のコンパクトな町です。

町は、2005年に民営化方針を決め、当時2か所あった公立保育所のうち、1か所を2008年に、残る1か所も条件が整い次第早い時期に民営化するとしました。その後2007年に現町長に代わり、民営化計画を見直しました。2か所目の民営化の前に、民営化した保育所を検証し、公立保育所の果たしている役割・機能を評価し、運営コストを検討し直すことにしたのです。そして残った公立保育所が、①保育の現場の声を子ども施策に活かす役割、②障がい児の受け入れ等、子どもの人権を守る役割、③保育の質を高める役割、④行政の機関という大きな組織の一部としての機能を果たすことが期待されています。

2010年に地域子育て支援センターが開設され、保育士は公立保育所と支援センターが異動対象に広がりました。保健師と子育て支援係の保育士等が連携し、乳幼児期における障がい児支援も充実されました。

そして、新制度が施行されたもとで、町は新たに小規模保育B型を整備し、公立保育所が連携施設となることを検討しています。

（木村雅英）

新制度活用・改善の視点
新制度と過疎地域等の保育

📖 ポイント

▶新制度でも保育所保育を基本に3歳以上の「全保育」は可能
▶子ども・子育て支援法に基づく事業は市町村の自治事務であり、市町村が主体的に子どもと保護者に最適なしくみをつくることが大事

「全保育」は新制度でも可能

　専業主婦（夫）の子どもであっても保育所で保育を受けている地域が少なくありません。都道府県が作成した事業計画を見ると、39都道府県では、保育を必要とする子ども（2号認定）の比率が同年齢層の50％をこえ、青森、富山、福井、鳥取、高知各県は80％を上回っています。

　これらの地域のなかには、3歳以上の子どもは保護者の就労にかかわらず、希望すれば誰でも保育所で8時～16時頃の保育を受け、それを超える長時間は就労を要件としている市町村が数多くあります（幼稚園は保護者の選択による補完的なものとなっている）。3歳未満児であっても、保育所を利用できる地域もみられます。このようなしくみが新制度の実施によって解体、再編を強制されるなら問題といわざるをえません。しかしよく検討すれば、新制度のもとでも地域で積み上げてきた保育水準を存続させることは可能です。

　専業主婦（夫）の子どもであっても「求職中」という民生児童委員の証明で2号認定、3号認定をしている市町村があります。ただし90日ごとに手続きを繰り返す煩わしさがあります。「市町村が定める事由」を適用している市町村もあります。

　1号認定の子どもを特例で保育所保育することも可能です（子ども・子育て支援法28条1項2号－特別利用保育）。ただし、その場合、延長保育料が発生するおそれがありますが、保育標準時間を超える場合にのみ延長保育料を適用し、教育標準時間、保育短時間ではそれを超えれば次のランクに認定替えする方法も考えられます。延長保育料を設定していない市町村もあります。

つまり、市町村が主体的に地域の事情に即して積み上げてきた保育水準を基に、子どもにとっての最適性、子育て支援の充実を基本に、新制度を取捨選択すればよいということです。子ども・子育て支援法に基づく事業は、国の事業である法定受託事務ではなく、市町村の自治事務だからです。法令違反や著しく不適正な事務処理でなければ、国は市町村に是正要求すらできません。ましてや新制度は現在の保育水準を引き下げることを目的にしていません。

　男性も女性も働かなければ生活できない、子どもを育てながら働く、産休明け・育休明けから子どもを預けて働きたいという家族の増加は、大都市圏を含む全国共通の特徴です。過疎地域等で多くみられる保育所保育を基本としたしくみは、子どもと保護者に最適なしくみの一つとして検討すべきではないでしょうか。

　高知県内のいくつかの市町村の事例が、過疎地域等の保育のあり方を考える参考になります。高知県は 34 市町村のうち、28 市町村が過疎地域指定を受けています（高知市も対象）。女性の就業率は 25 〜 29 歳の 75％からなだらかに上がり、45 〜 49 歳の 80％がピークで（2010 年国勢調査）、いわゆるＭ字型曲線がみられないことは注目されます。県内には保育所 256 か所、幼稚園 90 か所、認定こども園 20 か所、認可外保育施設 97 か所があり、幼稚園のない市町村が 15 市町村にのぼります（2014 年 4 月）。

● 高知県本山町——3 歳からすべて保育所で

　本山町は四国山脈の中央部に位置し、町の面積 134.21㎢のうち 89.1％は急傾斜の山林で、吉野川本支流両岸の僅少な沖積地に集落と耕地が点在しています。人口は 3,811 人（2015 年 3 月末）。

　本山町には公立幼稚園が 1 か所ありましたが、入園希望者が 2、3 人に減り、教育上の判断から 2002 年に廃園、その後は公立保育所ですべての就学前の子どもを受け入れてきました。3 か所あった公立保育所も施設が老朽化し、子どもの数がさらに減ったため、2007 年に 1 か所に統合しました。本山保育所では 0 歳児 6 人、1 歳児 16 人、2 歳児 17 人、3 歳児 28 人、4 歳児 23 人、5 歳児 22 人、計 112 人が入所しています（2015 年 4 月）。3 歳未満児とりわけ 0 歳児保育を希望する保護者が増え、事業計画では増

築による定員増をあげています。

　事業計画では、1号認定の子どもを特例として保育所で受け入れる、としましたが、2015年度には1号認定の子どもはいません。3歳以上児はもちろん、3歳未満の子どもも8割程度が、保育所で8時間以上の保育を受けています。

　保育はおおむね9時から室外・室内の遊び、11時過ぎから給食、そして午睡、14時40分からおやつ、15時30分頃から保護者がお迎えにきます（年齢によって異なります）。この1日の保育の流れは新制度施行の前と後で変わっていません。

　新制度施行に合わせて開所時間を夕方30分延長し、7時30分～18時30分とし（土曜日も同じ）たことは保護者から喜ばれています。保育短時間、保育標準時間は就労状況と保護者の選択が尊重され、半数以上の子どもが保育標準時間です。保育短時間を8時～16時とし、保育標準時間と保育短時間との保育料の差は最も多い所得階層で600円程度。保育短時間の延長保育料は設けていませんが、次年度に向けた検討事項のようです。

　1か所の保育所ですべてを受け入れてきた町では、保護者にとって1号、2号、3号認定の違い、保育標準時間、短時間の違いなどはわかりにくく、さらに手続きの煩雑さと、国の準備の遅れが町の担当者（1人）の負担に拍車をかけています。

●高知県佐川町──保育所7か所、幼稚園ゼロ

　佐川町は高知県の中西部、四国山地の盆地にあります。かつては城下町として栄え、国道とJRが貫き、高知市内への通勤者もいます。面積101.21㎢、人口13,832人（2015年3月末）。

　佐川町には保育所が7か所（公立2か所、私立5か所）ありますが、幼稚園がありません。事業計画では2015年度の3歳以上児218人中、2号認定202人（92.7％）で1号認定16人（7.3％）。佐川町でも就学前の子どもは保育所保育が基本です。1号認定の子どもは隣接する越知町の公立幼稚園を利用しています。

　開所時間は公立2か所が7時30分～18時30分、私立5か所が7時30分～19時または7時～18時30分で、延長保育料は保育所ごとに設定していました。新制度施行後は全保育所共通で、保育短時間（8時～16時）の延長保育料を午前1回100円、午後1回200円に設定しました。

　これまでは認可定員を超えても子どもを受け入れていたのに、新制度施行後は利用定員を細かく決めて柔軟に対応できないため、施設と町担当者の双方が困っていること、保育の必要性だけでなく標準時間・短時間を認定するための資料が増え保護者と町担当者の双方が困っていることがみられます。他方、周辺市町村より高かった保育

料を下げ、かつ第3子だけでなく第2子も全額減免（国基準は半額）としたことが喜ばれているようです。

●高知県安芸市──2号認定は90％

　安芸市は高知市と室戸岬との中間に位置し、南は土佐湾、北は四国山地に接し、安芸平野は昔から農業地帯です。県東部では最大の市で、面積317.37㎢、人口19,106人（2015年3月末）。安芸市には保育所が9か所（公立8か所、2006年民営化の私立1か所）、幼稚園が1か所（私立、私学助成対象）、小規模保育C型（共同保育所から発展）が1か所あります。

　事業計画では2015年度の3歳以上児353人のうち1号認定を35人（9.9％）、2号認定を318人（90.1％）としました。そして1、2歳児229人のうち3号認定を202人（88.2％）、0歳児101人のうち3号認定を51人（50.5％）、計253人が保育所と小規模保育を利用するとしています。

　安芸市では2015年度より在園児も保育標準時間、保育短時間に区分し、常時お迎えが16時を超えるなら保育標準時間を認定しています。

　新制度移行による保育短時間の取扱いは全保育所共通とし、8時〜16時に猶予時間30分を設け、新たに16時30から延長保育料1回100円を課しています。しかし延長保育発生時間の取り扱い、保育現場での小銭の収受をめぐる問題があるようです。延長保育料の取扱いをめぐって保育現場では問題がおこっています。

（木村雅英）

新制度をよりよいものに
自治体への要求のポイント

　新制度の実施主体は市町村であり、市町村がすべきことが多くあります。逆にいえば、住民の運動しだいで施策の改善を求めることが可能ですし、何もしなければ他市町村との格差が広がることになります。また、市町村、都道府県には事業計画の見直しという課題もあります。

　各自治体の状況を交流し、学び合い、要求を確認して運動していくことが大切です。自治体に向けて、以下のような取り組みをすすめましょう。

①**各市町村における新制度の実施状況と問題点を明らかにし、改善を求める**
- 認定要件、区分、利用調整、保育時間、保育料、育休中の保育、障害児保育、自治体単独補助事業の扱い、新制度の実施にともなう変更点などについて明らかにし、市町村との懇談などを通して問題点と課題を共有し、改善を求めましょう。

②**認可保育所整備を基本に待機児童の解消、事業計画の見直しを求める**
- 認可保育所の待機児童数と保育利用の待機児童数を明らかにさせ、認可保育所を中心とした保育所整備を求めましょう。
- 保護者の要求をふまえた保育需要を正確に把握・予測したうえでの事業計画の見直し、保育所整備計画や子育て支援計画の策定を求めましょう。

③**都道府県に対し、単独助成の維持・拡充などによる市町村支援を求める**
- 都道府県事業計画に人材確保と処遇改善に対する支援を位置づけるよう求めましょう。
- 保育料補助、処遇改善などに対する市町村への支援、単独助成の拡充、創設を求めましょう。

④**市町村、都道府県から国への意見表明を求める**
- 地方自治体、議会から国への意見表明、意見書提出（公定価格の改善、保育士の処遇改善、財源確保、保育料の軽減などについて）を求めましょう。

　　　　　　　　　　　　　　　　　　　　　　　　　　　　（実方伸子）

新制度をよりよいものに
国への要求のポイント

　子どもの権利保障、保育制度のさらなる整備・拡充という点から見ても、また、保育・子育て支援制度の法体系の整備という点からも、新制度には、まだまだ改善されるべき問題点が多くあります。何より、消費税を充てるとしている新制度の財源自体が不透明だという問題は深刻です。
　そこで、新制度に関わる法律改正も視野にいれながら、当面、国に対しては、以下のような制度改善のための要望をしていくことが必要です。

　①消費税財源の見直しと国家予算の大幅増額
　新制度の実施にあたっては消費税増税分の一部が充てられることになっていましたが、長引く不況などにより、当初予定されていた2015年10月の消費税率10%への引き上げが先送りされました。そのため財源が確保されないまま、新制度をスタートせざるを得ない状況になっています。
　政府が課題にしている少子化対策に本気で取り組むのであれば、逆進性が高く、景気に左右されやすい消費税だのみではなく、保育・子育て関連予算の大幅増額のための財源措置が不可欠です。特に待機児童対策については自治体まかせにせず、国の責任で保育所整備計画を立て、特別な財政措置をとることなしにはすすみません。
　経済大国でありながら、教育費、とりわけ保育・幼児教育にかける公的支出が先進国で最低レベルであるという現状を変えるためにも、国への予算要望が重要です。

　②公定価格（保育の費用）の改善
　新制度では、幼稚園も含めて、子ども1人当たりの保育の費用（公定価格）を国が定めています。国はこれまでよりも改善したといいますが、幼稚園の公定価格と比べると保育所の公定価格は決して改善されたとはいえません。公定価格の不十分さは、子どもの保育や保育士の処遇に直結します。

施設の開所時間、開所日数とそれを保障する保育士の配置について、実態をふまえた改善を求めていくことが必要です。その際、保育所だけでなく、すべての施設・事業について、子どもの保育を平等に保障する立場から引き上げ、見直しを求めていくことが重要です。

③配置基準や職員処遇の抜本的改善による保育士不足の解消

　保育の質を確保し、保育士、幼稚園教諭、学童保育指導員など、職員がいきいきと働き続けられるようにするためには、国際的にも貧しい職員配置など最低基準の抜本的改善とあわせて職員処遇の改善が不可欠です。「地域限定保育士」や「子育て支援員」など、規制緩和による安上がりな保育士確保対策ではなく、発達途上にある乳幼児の集団保育、さまざまな背景を抱える保護者への支援など、高い専門性と経験が求められる「保育」という仕事にふさわしい処遇の改善が求められます。また、そのことを通して「保育」という仕事の社会的位置づけを高めることが必要です。

④保育料引き下げなど保護者負担軽減

　教育費の負担など子どもを持つことによる経済的負担の増大が少子化の要因の一つにあげられています。特に新制度においても保護者負担の軽減は実現していません。国際的にみても、日本は乳幼児期の保育料だけでなく、大学の授業料まで教育費における私費負担の割合が高いことが知られています。

　保護者の経済状況によって子どもの保育や教育を受ける権利が侵害されることのないよう、公費の大幅投入による保育料の引き下げなど保護者負担の軽減が必要です。

（実方伸子）

〈監修〉

田村和之（広島大学名誉教授）

村山祐一（保育研究所）

〈執筆者〉

石原剛志（静岡大学）

伊藤周平（鹿児島大学）

大宮勇雄（福島大学）

木村雅英（自治労連・地方自治問題研究機構）

小泉広子（桜美林大学）

逆井直紀（保育研究所）

塩見洋介（大阪障害者センター）

実方伸子（全国保育団体連絡会）

杉山隆一（佛教大学）

田村和之（広島大学名誉教授）

藤井伸生（京都華頂大学）

イラスト　近藤理恵

ブックデザイン　宮部浩司

ポイント解説　子ども・子育て支援新制度
――活用・改善ハンドブック

2015年8月31日　第1刷発行

編集　保育研究所
〒162-0837　東京都新宿区納戸町26-3
TEL 03-6265-3173

発行　ちいさいなかま社
〒162-0837　東京都新宿区納戸町26-3
TEL 03-6265-3172　FAX 03-6265-3230
http://www.hoiku-zenhoren.org/

発売　ひとなる書房
〒113-0033　東京都文京区本郷2-17-13 1F
TEL 03-3811-1372　FAX 03-3811-1383
E-mail hitonaru@alles.or.jp
印刷・製本所　東銀座印刷出版株式会社

ISBN978-4-89464-226-3　C3037
乱丁、落丁本はお取替いたします。

内容充実の2015年版──関係者必携！

保育白書 新刊発売中

複雑な新制度のていねいな解説と豊富なデータ
もっとも権威ある民間の白書

B5判
本体 2,500円+税

第1章●最新データと解説＝保育の今
1．幼い子ども・家族の今／2．保育制度・政策の原理と動向／3．子ども・子育て支援新制度の概要／4．新制度の多様な実態／5．地域子ども・子育て支援事業の概要／6．学童保育（放課後児童クラブ）と新制度／7．よりよい保育を実現するために

第2章●特集　新制度スタート　なにが変わった？
1．座談会　新制度で認定こども園、保育所、幼稚園はどうなる？
　　　　　　　　　　　　　　…… 大宮勇雄・長瀬美子・村山祐一
2．ルポ　小規模保育の状況………………………………………猪熊弘子
3．ルポ　新制度から排除される子育て世帯……………………岡田広行
4．家庭的保育事業と新制度………………………………………福川須美
5．子ども・子育て支援新制度の「教育」「保育」観を問う ………大宮勇雄

第3章●保育最前線レポート
1．社会福祉法人改革の概要と保育所への影響…………………荻原康一
2．静岡市の認定こども園化の動向………………………………石原剛志
3．新制度をめぐる自治体の多様な状況…………………………若林俊郎

第4章●資料編
新制度関連資料－主要77自治体保育料表、主要自治体新制度実施状況（施設・認定・利用者数）、都道府県保育関係単独補助／統計資料

編集●全国保育団体連絡会＝保育研究所　発行●ちいさいなかま社　発売●ひとなる書房
＊ご注文は、お近くの書店または、ひとなる書房（TEL.03-3811-1372／FAX.03-3811-1383）へ

保育白書2015年版　購入申込書

ご氏名	送り先
	〒
注文数　　冊	TEL　（　　）

発行:ちいさいなかま社／発売:ひとなる書房

幼児期の発達と生活・あそび

長瀬美子 ●著
A5判・160頁・定価（本体1500円＋税）

**保育士さんは、よりいっそう保育が深まり、
保護者の方は、子どもの姿に見通しがもてる一冊です。**

おまたせしました！『乳児期の発達と生活・あそび』の続編が刊行しました。『ちいさいなかま』の好評連載（3歳～5歳児）に、就学に向けて、また、幼児期の保育におけるおとなのかかわりなどを加筆しました。元気いっぱいだけど繊細な気持ちをもちはじめる3歳児、ことばと認識が格段に発達する4歳児、そして就学を控え「幼児期のまとめ」ともいえる5歳児。それぞれの発達の基本をおさえながら、保育者としてそのときどきに適切な対応について書かれています。

主な内容

3歳児とは／4歳児とは／5歳児とは／基本的生活／認識・イメージ・ことば／他者との関係／あそび／保育者の役割／就学に向けて／幼児期の保育におけるおとなのかかわりなど

ちいさいなかま社　〒162-0837　東京都新宿区納戸町26-3
ご注文、お問い合わせは、TEL.03-6265-3172(代)・FAX.03-6265-3230へ

WEBサイト◯http://www.hoiku-zenhoren.org

日々変わる情勢が具体的に見えてくる
最新情報を正確、スピーディにつかむ！

月刊 保育情報

【編集】保育研究所　【発行】全国保育団体連絡会
B5判・1部650円（税・送料込み）年間購読料7,800円

新制度スタート
各地の状況、国の動向は？　　的確な情報をお届けします

2015年

3月号　公定価格（案）公表　ほぼ仮単価なみ－目立った改善なし
　　　　　需要の正確な把握を困難にさせる待機児童新定義

4月号　速報：公定価格・加算要件が徐々に明らかに
　　　　　社会福祉法人改革で社保審部会報告・評議員会設置・地域公益活動義務化
　　　　　保育所の共済掛金公費助成当面存続
　　　　　ドイツの「保育」事情概観……木下秀雄

5月号　速報：休日保育の取り扱いで疑義
　　　　　委託費の支給でも自治体間格差
　　　　　パートタイム職員に依存する東京都の公立保育園……小尾晴美

6月号　速報：保育所の取扱い等で注意喚起　4月20日に自治体向け説明会
　　　　　新制度の保育士等の処遇改善　社会的養護施設等のレベル踏まえ改善を
　　　　　保育施設における2014年の死亡事故について……小山義夫

7月号　速報：短・標準の差のない保育料設定－佐世保市以外にも
　　　　　保育料算定－住民税への変更で、おもわぬ負担増も
　　　　　自民党「幼児教育の振興について」取りまとめ
　　　　　公定価格の特徴と保育者の処遇を考える　上……村山祐一

8月号以降の予定　公定価格分析（続報）　自治向けFAQ最新版
　　　　　所沢市における育休取得による上の子退園問題－訴訟に発展 ほか

保育研究所　〒162-0837 東京都新宿区納戸町26-3保育プラザ　＊購読は下記の申込書でお申し込みください。
　　　　　TEL.03(6265)3173／FAX.03(6265)3230

『月刊 保育情報』 購読申込書

ご氏名	送り先
	〒
定期購読　　月号より　　冊	
バックナンバー　月号　　冊	TEL　（　　）